평화의 탈을 쓴 혈전의 종교
이슬람

평화의 탈을 쓴 혈전의 종교
이슬람

지은이 Howard Shin
옮긴이 Eunice Choi
초판발행 2016년 9월 1일

펴낸곳 도서출판 크리스천언론인협회
등 록 제300-2016-73호
주 소 서울 종로구 김상옥로 17, 201-2호
전 화 02-423-4131
팩 스 02-423-4138
한 권 값 13,000원

저작권자의 허락없이 이 책의 일부 또는 전체를
무단복제, 전재, 발췌하면 저작권법에 의해 처벌을 받습니다.

이 책을 예수 그리스도를 믿고
그를 위해 죽임당한 순교자들에게 바칩니다.
하나님 나라와 생명의 면류관이
그들의 것입니다.

| 추천의 글 |

    나는 이 책 "평화의 탈을 쓴 혈전의 종교 이슬람"을 단숨에 읽었다. 이 책은 이슬람 창시자 무하마드의 탄생에서부터 지금까지 이슬람교의 숨은 이야기를 자세히 설명하고 있다. 이슬람의 역사를 기록하면서, 저자는 이슬람교는 생태적으로 약탈, 학살을 일삼는 비인격적, 비도덕적 종교라는 사실을 낱낱이 밝히고 있다. 그리고 소위 그들의 경전으로 알려진 꾸란에서도 정복, 살인, 여성인권침해, 전쟁, 폭력을 조장하는 것을 밝히고 있다. 이슬람은 아프리카, 미국, 유럽, 중동, 아시아 등을 이슬람화 하기 위해서 테러와 폭력을 휘두르며 궁극적으로는 그들의 제국을 건설하려고 하고 있다.

    근래 수십 년간 한국은 세계화, 노동시장개방과 문화교류를 이유로 많은 이슬람들이 들어왔고 그들의 세력을 확장해 가고 있다. 이는 장차 한국사회 뿐만 아니라 한국기독교에 크나큰 도전이 아닐 수 없다. 이들은 정치권과 합작해서 약자, 노동자를 자처하여 차별금지법에 호소하고 합법적으로 공격적인 전도를 하고 있다. 그러나 우리는 이슬람이 평화의 종교라는 분명한 가면을 쓰고 각계각층에 파고 들어오고 있음을 경계해야 한다. 심지어기독교 일각에서도 종교다원주의를 주창하는 일까지 벌어지고 있어서 참으로 걱정이 아닐 수 없다.

"명심해야 한다. 이슬람은 단순한 종교가 아니다. 이슬람은 호전적이고, 정치적인 군대이고, 공포의 이념이자, 압제와 노예화의 온상이다. 그들은 종교라는 가면 아래 이 모든 것들을 숨기고 있다. 이슬람의 목표는 오직 한가지, 바로 비-이슬람 국가들을 밟아 뭉개고 세계를 이슬람으로 정복하는 것이다. 지금, 우리 사회와 우리의 자유가 위태롭다. 어떤 한 나라가 이슬람이 그곳에 뿌리를 내리도록 허락한다면 어떤 일이 벌어질까? 그들은 기생충과 같이 "그 나라에 있는 모든 영양소와 생명을 빨아드리고 마음껏 성장하고, 결국엔 생명을 준 본체의 근본적인 체계를 바꿔버린다" 라고 했다. 나는 하워드 신의 이 책을 잠자는 한국 사회와 한국교회를 일깨우는 귀한 나침반으로 본다. 이 책의 결론부에서 저자의 메시지는 분명하다. 이 책을 읽는 독자들이 저자가 그토록 힘 있게 외치고 싶었던 메시지를 기억하고 생명의 종교인 기독교의 진리를 더욱 힘 있게 붙들고 온 세상에 선교하는 성도들이 되기를 소원한다.

정성구 박사

전 총신대 · 대신대 총장

| 추천의 글 |

"진리를 알지니 진리가 너희를 자유롭게 하리라"
(요한복음 8장 32절)

하나님의 말씀은 모든 세대에 있어서 진리이다. 세상은 갈수록 혼탁해져가고 바른 길을 찾지 못하며 방황하고 있다. 이러한 시대에 필요한 것은 진리의 빛이다. 진리를 찾고 참된 인재를 찾기 위하여 밝은 대낮에 등불을 들었던 철학자 디오게네스는 세계를 정복한 알렉산더 대왕을 향하여 당당함을 가졌다.

진리를 밝히고 진실을 밝히는 일에는 당당함과 더불어서 위협이 항상 함께 있다. 그러나 이러한 위협을 뛰어넘을 수 있는 것은 '디오게네스의 당당함'이다. 이번 이 책의 저자에게서 볼 수 있는 것이 바로 이러한 당당함이었다. 세상의 어떤 어려움도 극복할 수 있는 힘이 보인다. 아무나 쉽게 쓸 수 있는 내용이 아니라 저자의 피와 눈물과 땀이 정제된 보석과 같은 너무나 훌륭한 작품이다.

기독교와 이슬람은 전혀 유사한 종교가 아니다. 그 근본과 뿌리가 다 다르다. 몇 가지 유사한 단어를 사용했다고 해서 그들이 기독교 유사종교가 되는 것은 아니다. 그들의 경전에서 말하는 많은 인물을 성경의 인물과 유사하게 말하여도 그들은 기독교가 아니다. 많은 기독교인들이 착각하는 것을 이 책을 통하여 정확히 알아야 한다.

  나는 이 책이 내가 속한 대한예수교장로회 총회 산하의 모든 목회자와 교인들이 숙지할 수 있으면 좋겠다는 마음을 가졌다. 청년들과 청소년들의 교육에 이 책이 사용되어 질 수 있기를 간절히 바란다. 그래서 미래의 조국이 건전하고 바른 사상으로 무장한 청년들이 세워 나아갈 수 있기를 기도한다. 이 책을 통하여 대한민국 아니 전 세계의 많은 사람들이 이슬람의 진실을 정확히 알 수 있기를 바란다.

"너는 진리의 말씀을 옳게 분별하며 부끄러울 것이 없는 일꾼으로 인정된 자로 자신을 하나님 앞에 드리기를 힘쓰라."(딤후 2:15)

김선규 목사
예장합동 현. 부총회장
성현교회 담임

| 추천의 글 |

  이 책이 다른 한국 작가들의 이슬람 서적들과 차별화되는 이유는 두 가지다.

  먼저, 저자 하워드 신 목사가 이슬람 국가에서 나고 자랐으며, 그의 경험을 토대로 이슬람을 총체적이고 객관적으로 분석하고 연구하고 있는 사역자라는 점이다. 다음으로 저자가 현재 이슬람이 제기하고 있는 위협들에 대해 역사적으로, 이념적으로 그리고 신학적으로 치밀하게 분석하고 있다는 점이다.

  나는 감히 이 책을 이슬람 분석서의 진수라고 말하고 싶을 뿐 아니라 모든 사람들이 반드시 읽어봐야 할 책이라고 생각한다.

고영일 변호사
사단법인 애드보켓코리아 사무총장

| 추천의 글 |

이 시간, 당신이 당장 읽어야 할 책!

오늘날 우리가 살고 있는 세계는 심한 편견과 편협함 그리고 극도의 증오로 인해 이상할 정도로 위험해지고 있다. 세계 곳곳에서는 하루 걸러 "끔찍한 테러 사건"이 발생하고 있으며, 그로 인해 사람들의 삶이 파괴되고 있다. 지금 이슬람으로 인해 세계에 정확히 어떠한 일들이 벌어지고 있는지, 어떻게 이렇게 되었는지 그리고 이런 상황 속에서 우리는 무엇을 하면 좋을지에 대해 우리 사회에서 하워드 신 보다 더 잘 이야기 해 줄 수 있는 사람은 없다.

무하마드에 대해 그리고 코란과 이슬람에 대해 하워드 신은 역사적 관점을 토대로, 현재 세계 각국에서 일어나고 있는 일들을 명확하게 알려 준다. "평화의 탈을 쓴 혈전의 종교 이슬람"은 꼭 읽어보라고 말할 수 밖에 없는 책이다.

당신이 주부이건, 사업가이건, 교사이건, 경찰이건, 철학가이건, 군인이건, 혹 기도의 용사이건, 아주 신실한 사람이건 상관없이 이 책을 읽어보라!

아브라함 루바비처르 목사

홀로코스트 연설가

| 감사의 말 |

이 책이 나오기까지 도움을 준 많은 사람들 중에 특별히 고마움을 전하고 싶은 세 사람이 있다.

먼저, 멋진 제목을 제안해 준 Jeanne에게 고마움을 전한다. 만약 그녀가 없었더라면 이렇게 딱 맞는 제목은 절대 정할 수 없었을 것이다. 다음으로, 최선을 다해 번역작업을 도와준 Eunice에게 진심으로 고마움을 전한다. 그녀는 심지어 신혼여행에서조차 번역을 도와 주었고, 여러 차례 내용을 바꿨음에도 한 번도 불평하는 일 없이 성심을 다해 주었다. 마지막으로 여러 번 책을 읽고, 건설적인 비평과 함께 늘 작업에 집중할 수 있도록 도와 준 Jun에게도 큰 감사를 전한다.

하워드 신

| 차 례 |

추천의 글 · 4
머리말 · 16

SECTION 1
무하마드와 이슬람의 탄생

제1장 : 일신교를 외치다 · 31
제2장 : 사탄의 속삭임 · 43
제3장 : 비참한 처지 · 49
제4장 : 밤의 여정 · 53
제5장 : 죽일 음모를 꾸미다 · 58

SECTION 2
히즈라 : 신세계 질서의 지배

제1장 : 메카에서 메디나로 · 63
제2장 : 바다르 전투와 그 여파 · 68
제3장 : 케누카 부족의 추방 · 77
제4장 : 우후드에서의 패배 · 80
제5장 : 알-나디르 부족의 추방 · 83
제6장 : 두 번째 바다르 전투, 그리고 바누 무스딸리끄 부족의 운명 · 86
제7장 : 포위당한 메디나 · 95
제8장 : 대학살을 당한 바누 쿠레이자 부족 · 99
제9장 : 메카와 메디나의 평화조약 · 104
제10장 : 케이바르를 습격하다 · 111
제11장 : 하렘(Harem) 내부의 반란 · 118
제12장 : 움라(Umra)를 위해 메카로 돌아가다 · 121
제13장 : 메카의 항복 · 123
제14장 : 조세징수 · 128
제15장 : 무하마드의 죽음 · 130

SECTION 3
내분, 그리고 끝나지 않는 전쟁

    제1장 : 첫 번째 칼리프 그리고 칼리프 지위를 향한 전쟁의 시작 · 135
    제2장 : 두 번째 칼리프 그리고 뒤틀린 결혼들 · 142
    제3장 : 세 번째 칼리프 그리고 공동체(움마)의 반란 · 145
    제4장 : 네 번째 칼리프 그리고 첫 번째 내전 · 1150
    제5장 : 무하마드 손자들의 불행한 종말 · 156

SECTION 4
이슬람의 정복전쟁
그리고 개종하지 않은 이들의 운명

    제1장 : 시리아-팔레스타인 · 167
    제2장 : 페르시아 · 179

제3장 : 아르메니아 · 181
제4장 : 인더스 · 183
제5장 : 이집트 · 186
제6장 : 북아프리카(마그레브) · 189
제7장 : 이베리아 반도 · 192
제8장 : 결론 · 197

SECTION 5
이슬람 성전 지하드와 딤미튜드

제1장 : 지하드를 잘못 알고 있다? · 203
제2장 : 딤미튜드(Dhimmitude),
　　　　이슬람이 아닌 자들에 대한 무슬림들의 태도 · 213
맺음말 · 228

용어 사전 · 242
참고문헌 · 247
NOTES · 255

| 머리말 |

우리는 '이슬람'이라는 종교의 이름으로 자행되는 편견과 편협, 그리고 증오의 행위들뿐 아니라 그로 인한 폭력과 상해, 살인이 일상인 시대에 살고 있다. 지난 역사 속에서 기독교인들이 저지른 끔찍한 행위들도 많았음은 부인할 수 없는 사실이다. 하지만, 이슬람은 지금도 계속해서 악과 증오로 가득차 있는 행동들을 벌이고 있고, 모두가 미디어를 통해 보고 듣는 것처럼 걷잡을 수 없는 지경으로 빠르게 자신들의 목표를 향해 달려가고 있다.

때문에 우리들은 "과연 이슬람이라는 종교가 그 종교를 믿는 무슬림들이 주장하는 것처럼 '평화의 종교'인가?"에 대해 계속해서 의문을 갖게 된다. 만약 이슬람이 '평화의 종교'라면, 창시자 무하마드가 살아 있을 때부터 현재까지의 긴 시간 동안 왜 무슬림들이 있는 곳에서는 분쟁과 전쟁이 끊이지 않는 것일까? 그리고 그것이 진정 '평화의 종교'라면 '종교'라는 이름으로 어떻게 이렇게나 많은 유혈사태를 일으킬 수 있는 것일까? 1,400년의 이슬람 역사와 그들의 정복 전쟁이 남긴 수백만의 무고한 사람들이 당한 일들은 또 어떠했던가? 무슬림 법률학자들은 왜 공격적인 지하드를 금지(Jihad

Haram)시키지 못하고 있는 것일까?

온건주의 무슬림 변증론자들은 '이슬람은 평화의 종교일뿐 아니라 그 지식에 가치를 부여하며, 파괴와 폭력을 싫어하고 그것을 불쌍히 여기는 종교'라고 주장한다. 그러나 영국의 목사이자 기독교 학자인 콜린 챔프만(Collin Chapman)은 그들의 주장에 대해 "기본적으로 묻고 싶은 건 '역사적 기원에서부터 엄청난 양의 폭력을 행해온 증거가 명백한 종교가 어떻게 오늘날에 와서 평화의 종교라고 스스로를 말할 수 있는가? 하는 것이다."라고 썼다.[1] 만약 이슬람의 이름으로 자행된 폭력이 단지 과거의 역사 속에서만 행해진 것이었다면, 이 질문은 그저 이슬람의 역사를 탐구하는 학문적인 질문에 그쳤을 것이다. 그러나 이 '평화의 종교'는 여전히 추종자들에게 '믿지 않는 자들을 살해하고, 그들의 터전을 파괴하며, 공포에 떨게 하라'는 과업을 수행하라고 명령하고 있으며, 명령에 복종하는 무슬림들로 인해 전 세계는 심각하고, 긴급한 문제에 시달리고 있다.

대부분의 사람들은 '이슬람'이나 '이슬람의 역사'에 대해 배우지 않았을 것이다. 하지만 전 세계 거의 모든 사람들은 2001년 오사마 빈 라덴(Osama Bin Laden)이 미국에서 일으킨 '9.11 테러 사건'을 알고 있다. 그는 이 '지하드 공격'의 증인이다. 미국의 심장이자 자랑이었던 건물을 공격하기 전에 빈 라덴은 "미국인들과 그들의 연합국 국민들, 군인들을 죽이는 것은, 어느 나라에 살고 있든지 상관없이 모든 무슬림들 개개인의 의무다."라고 말했다. 또한, 무슬림들을 소집해 "미국인들을 죽이고, 그들의 돈을 빼앗고, 언제 어디서든지 그들을 발견하면 죽이라는 알라의 명령을 수행하라······."[2] 고 공표했다. 결과적으로 전 세계는 그와 무슬림들이 어떻게 쌍둥이 빌딩을 무너뜨리고, 무고한 수천 명의 사람들을 죽음으로 몰아넣었는지를 보게 되었다.

그리고 2005년 7월 7일 세계는 다시 한 번 런던 한복판에서 시민들을 향해 치밀하게 계획된 폭탄 공격을 목격했고, 2006년에는 인도 뭄바이(Mumbai)에서 이동 중인 기차가 폭탄 공격을 받아 많은 이들이 희생된 사건도 보았다. 2015년 1월 파리의 샤를리 에브도(Charlie Hebdo)가 무하마드를 비판한 한 장의 그림으로 학살의 대상이 되었고, 2015년 12월에는 샌 버너디노(San Bernardino)에서도 무슬림들에 의한 총격 사건이 벌어졌다. 그리고 지금 이 글을 쓰고 있는 오늘, 2016년 3월 22일 세계는 벨기에 브뤼셀의 공항에서 자살폭탄 테러가 발생해 34명이 사망하고 최소 200명 이상의 사상자가 발생했다는 보도를 듣게 되었다.

이 모든 공격들은 전 세계 사람들에게 매우 큰 충격을 주고 있다. 그러나 이는 이슬람 지지자들에 의해 자행된 '긴 폭력의 역사'에 비하면, 극히 일부분에 불과하다.

과거 알-카에다(Al-Qaida)는 실패했던 과업을 그들의 뒤를 이은 단체, '이슬람 국가(ISIS)'는 성공하고 있다. ISIS는 사람을 산 채로 불태우고, 교수형에 처하는 동영상을 여과없이 공개함으로써 전 세계를 경악하게 한 이슬람 단체다. 그들은 지나는 곳마다 엄청난 학살을 자행할 뿐 아니라 여성과 아이들을 노예화하고 있는 상황이다. 이들은 여성들을 군인들의 성 노예로 삼고, 모든 이교도들을 향해 지하드를 선포하며, 많은 고대 유적들과 유적지들을 파괴하고 있다. 수천 명의 사람들이 집을 잃었고, 무수한 소녀들이 납치되어 그들의 성 노예로 전락했다. 시리아와 아프가니스탄 그리고 이라크에서 도망쳐 유럽의 해안가로 밀려드는 난민의 물결이 유럽을 뒤덮고 있다. ISIS의 공격을 피해 도망치는 수백만의 난민들은 유럽으로 망명을 요청하고 있으며, 난민들이 탄 배가 난파되어 많은 사람들이 목숨을 잃기도 했다. 더욱 심각한 것은 이러한 기회를 이용하여 많은 ISIS 테러리스트들이 신분을 속이고 유럽으로 들어가고 있으며, 더욱 거대한 규모로 (자살) 폭탄 테러를 수행하고 그들의 잔혹행위를 계속하고자 계획하고 있다는 것이다. 그리고 이같이 밀려드는 난민들로 인해 현재 유럽은 이전엔 상상할 수 없었던 큰 위기를 겪게 되었다. 새해 전날, 독일에서는 젊은 무슬림 난민들에 의해 300명의 독일 여성들이 집단 추행과 폭행, 강탈을 당한 사건도 일어났다. 백만 명이 넘는 난민을 받아 들인 후, 독일의 젊은 여성들은 집단 폭행을 당했고, 결국 국가 전체가 난민들로부터 잠재적인 테러의 위협을 당하게 된 것이다. 이 사건으로 인해 독일 당국은 더 많은 난민들을 수용하기로 했던 그들의 결정을 재고할 수 밖에 없는 상황에 처해 있다.

　서구나 중동 국가들의 무슬림 학자들과 버락 오바마 미국 대통령 같은 보수적인 이슬람교도들, 그리고 그 밖에 많은 무슬림 전문가들은 알-카에다, ISIS, 보코하람(Boko Haram) 그리고 알-샤바브(Al-Shabab) 같은 단체들은 이슬람이 아니며, 왜곡된 무슬림 신앙을 가진 과격 단체들이라고 주장해왔다. 그러나 이것은 사실이 아니다. 왜냐하면 이들과 같은 현대 이슬람의 공격적인 단체들은 7세기에 무하마드가 계시 받은 코란의 문자적인 해설 그대로를 그들의 삶으로 살고 있는 것이고, 무하마드가 행했던 예들과 '그의 후계자들(칼리프들)의 가르침(Khulfa-e-Rashideen: 「정통성 있는」 또는 「정통 칼리프들」이라는 뜻)'에 그대로 복종하고 있는 것이기 때문이다.

ISIS는 대량학살, 잡힌 여성들의 성 노예화 등과 같은 악마적인 그들의 잔혹행위를 계속하고 있고, 이러한 악랄한 행위들의 매력을 이용해 IS, 즉 '이슬람 국가(Islamic State)'로 젊은 무슬림들을 끌어들이는 데 성공하고 있다. 그런데 여기서 우리가 다시 한 번 기억해야 할 것은, 이 같은 잔혹행위가 사실 이슬람의 오랜 역사 속에서 전혀 새로운 것이 아니라는 것이다.

토마스 아퀴나스(Thomas Aquinas)는 그의 책에서 "무하마드는 사람들이 강한 성욕을 마음껏 즐길 수 있는 무제한적인 자유를 허용함으로써 육체적 쾌락을 통해 사람들을 꾀어내고 있다."라고 썼다.[3] 과거 무하마드가 전쟁에서 얻는 전리품과 포로로 잡힌 여자들을 공유하겠다고 발표하자, 수천 명의 사람들이 지하드에 합류하겠다고 응답했다. 무하마드는 정복전쟁을 통해 많은 사람들을 노예로 전락시켰고, 그 이상의 사람들을 죽였으며, 셀 수 없이 많은 사람들을 그들의 보금자리에서 내쫓았다. 이슬람의 역사는 약탈, 노예화, 유혈사태, 그리고 대량학살에 대한 이야기로 가득차 있다.

이슬람이 지나는 곳엔 언제나 피 비린내가 진동했다. 창시자 무하마드로부터 시작된 그들의 유혈사태는 이후 1,400년 역사 동안 계속되어왔다. 무하마드는 무슬림 지하드의 원형이고, 코란은 테러리스트 매뉴얼의 중심이다. 무하마드는 그의 추종자들에게 "모든 사람이 알라 외에 다른 신은 없다라고 말할 때까지 싸워라"라고 명령을 내렸다. 이 정신으로 무하마드는 그를 '선지자'로 인정하지 않는 사람들을 지배하고, 약탈하고, 추방하고, 대량학살하고 노예로 만들었다. 그는 무력으로 자신의 권위를 입증했고, 정복을 통해 예언자 지위를 유지했으며, 견고히 했다. 그와 동시에 무슬림 군대는 이슬람이라는 기치 아래 무하마드와 동일한 정신으로 무장하고, 아라비아 반도 밖으로 진격해 나갔다.

프랑스 문학자이자 철학자인 볼테르가 "각 사람은 모두 자신의 밭을 가꿔야 한다"라고 말한 바 있다. 밭을 가꾸기 위해선 씨앗을 먼저 심어야 하는 법이다. 그리고 무하마드는 분노와 거짓, 기만, 전쟁, 파괴, 비난, 복수, 유혈, 약탈, 그리고 학살의 씨앗을 자신의 밭에 심었다. 그 결과, 무하마드의 밭에서 자란 무슬림 공동체는 가시덤불과 엉겅퀴를 열매로 맺기 시작했다. 무하마드가 사망하고 오래 지나지 않아, 부와 권력에 대한 욕망으로 눈이 먼 무하마드의 추종자들은 절대 타협할 수 없는 두 종파(宗派)인 수니파(Sunnis)와 시아파(Shias)로 나뉘졌다. 이슬람의 이 거대한 분립은 하나의 공동체(Umma)

를 꿈꾸던 무하마드의 소망과는 정 반대의 길이었으며, 이것은 끝이 아니라 끝나지 않는 전쟁의 서막에 불과했다. 수니와 시아, 두 종파 사이의 서로에 대한 분노와 무자비하고 잔혹한 악행은 현재도 계속되고 있다. 일례로 지난 2015년 5월 파키스탄 남부의 도시 카라치(Karachi)에서는 6명의 수니(Sunni)파 무장세력이 이스마일 시아파(派)(Ismailis Shia:이슬람교 시아파의 한 분파, Ismail을 신의 계시를 받은 이슬람교 제7대 이맘(Imam)이라고 주장한다)의 버스를 가로막고는 타고 있던 승객들을 무차별적으로 불태웠다. 버스에 타고 있던 남녀노소를 불문한 45명의 무슬림들은 교리가 다르다는 이유로 무자비하게 살해당했다.

이러한 일들은 우리가 모른 척 해서는 안 되는 이슬람의 현실이다. 이슬람의 테러와 그들의 광적이고 잘못된 믿음을 방지하기 위해 우리는 이슬람의 진실에 대해 정확히 알아야 하고, 진실이 무엇인지 빨리 배우면 배울수록 좋다. 이슬람은 선천적으로 그들의 필수 교리들을 지키도록 장려하고, 극단주의를 선전해 널리 퍼뜨리는 종교라는 것도 명심해야 한다.

나는 이 책을 읽는 독자들이 무슬림들을 악마로 취급하거나, 무슬림들을 대하거나 관계할 때 그들을 적대시하며, 마음을 닫는 것은 결코 원치 않는다. 어니스트 레난(Earnest Renan)은 "무슬림들은 이슬람의 첫 번째 희생자들이다. 그 동안 여러 차례 동양의 무슬림 국가들을 여행하면서 관찰한 것은 광적인 신앙은 소수의 위험한 사람들이 다른 사람들을 위협하며 극단적인 종교행위를 하도록 조성하는 것으로 유지된다는 것이었다. 위협 때문에 어쩔 수 없이 복종하고 있는 무슬림들이 자유롭게 해방될 수 있도록 도와주는 것이야말로 그들에게 제공할 수 있는 최상의 행위이다."4 라고 말했다. 그의 말처럼 우리는 극단주의 이슬람 세력으로부터 우리 스스로를 방어해야 할 뿐 아니라, 무슬림들이 메어있는 이슬람이라는 족쇄를 풀어 그들이 자유롭게 되도록 도와줘야만 한다.

그런데 광적인 무슬림들이 "소수"라는 레난의 주장은 지난 10년 동안 진행된 조사에 의해 사실과 다르다는 것이 밝혀졌다. 2006년 12월과 2007년 2월 사이에 메릴랜드 대학교(University of Maryland)의 'WorldPublicOpinion.org'에서 4,384명의 무슬림들을 면대 면으로 인터뷰해 조사한 일이 있었다. 인터뷰는 면밀하게 진행된 것으로, 참가한 무슬림들은 모로코인 1,000명, 이집트인 1,000명, 파키스탄인 1,243명 그리고 인도네시아인이 1,141명이었다. 그들로부터 조사한 데이터에 의하면, 인터뷰를 받은 사람들 중 65%, 즉 거의 3분의 2에 해당하는 무슬림들이 "모든 이슬람 국가들을 하나의 이슬람 국가 또는 한 칼리프의 통치권으로 통합하고 싶어했는데, 이들 중 49%는 소위 '온건파'라 불리는 인도네시아의 무슬림들이었다."고 했다. 이 응답이 '전 세계 모든 무슬림들의 대답'이라고 단정할 순 없지만, 조사한 전체 무슬림들 중 3분의 2에 해당하는 숫자는 레난의 말처럼 "소수의 비주류"라고 하기엔 상당한 인원수이다. 또한 인터뷰에 응한 전체 무슬림들의 65.5%가 "샤리아 법(Sharia law)을 모든 이슬람 국가에서 엄격하게 적용하는 것에 찬성한다"고 응답했다는 것도 눈에

띄는 결과이다.

또 다른 연구 기관에서 2008년과 2012년 사이에 면대면 인터뷰를 진행한 연구 결과도 있다. 이 연구는 38,000명 이상의 무슬림들을 대상으로 39개의 국가에서 진행되었는데, 이 조사 결과에 따르면, 인도네시아의 무슬림들 중 72%, 파키스탄의 무슬림들 중 84%, 방글라데시의 무슬림들 중 82%, 이집트의 무슬림들 중 74% 그리고 나이지리아의 무슬림들 중 71%가 "샤리아를 그들이 각각 살고 있는 지역 사회의 공식적인 '주(州) 법'으로 제정하는 것을 지지한다"고 대답했다. 5

이러한 결과들은 참으로 놀랍고 걱정스러운 일이 아닐 수 없다. 이슬람 법 '샤리아'는 지하드 전쟁을 지지하고, 무슬림이 아닌 사람들을 충분한 권리를 부여하지 않는 '제 2급 시민'으로 분류하는 것을 옹호하고 있을 뿐 아니라 기본인권과 여성들의 권리를 위반하고 있는 법이기 때문이다. 그리고 누구든지 한 나라에서 샤리아가 제대로 시행되길 원하는 무슬림들은 '지하드' 명령을 받게 되며, 이 명령에 순종한 무슬림들은 '이슬람을 믿지 않는 사람들이 이슬람을 받아들이거나 개종하는 대신 과도한 세금을 바치고, 굴욕적인 삶의 조건에 복종하기로 할 때까지 싸워야 한다'고 믿는다.

많은 무슬림들은 이슬람에 명시된 광적인 가르침들을 따라 살지 않고, 또한 샤리아 법에 따라 사는 것을 원치 않는다. 그러나 그러한 사람들은 면밀히 말하면, 이슬람 신자라고 정의할 수 없는 사람들이다.

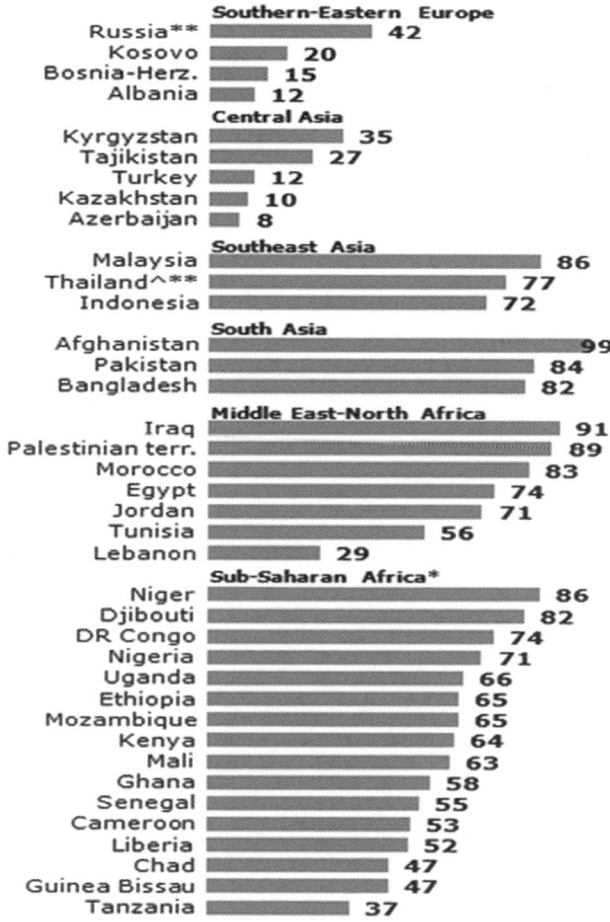

즉, 그들은 무늬만 무슬림들이며, 코란은 그들을 '위선자'라고 신랄하게 비난하고 있다.

분명 평화주의 무슬림들이 다수로 존재한다. 그러나 이 사실이 '이슬람 자체를 평화의 종교라고 할 수 있는 이유'가 될 수는 없다. 이슬람은 창시자 무하마드가 살아 있는 동안 결코 평화로웠던 적이 없었고, 지금까지 1,400년을 이어오는 그들의 역사 속에도 평화는 존재하지 않았으며, 앞으로도 바뀔 가능성이 조금도 없는 종교이기 때문이다.

무슬림들이 극단적인 행동을 지속하는 이유와 죄 없는 사람들을 향한 격렬하고 지속적인 공격을 하는 이유를 설명하기 위해 나는 여러분들을 '이슬람의 기원', '창시자 무하마드의 생애', '무슬림 공동체의 분립 역사' 그리고 '지하드 정복 역사'로 데려갈 것이다. 더불어, '이슬람의 통치하에서 기독교인들, 유대인들 그리고 다른 종교를 가진 사람들이 어떠한 삶을 살았는지'에 대해서도 짧게나마 나누고자 한다.

책을 읽을 때, 이슬람의 역사 전체를 빠짐없이 다루는 것에는 많은 제약이 있었음을 기억해 달라는 부탁의 말을 하고 싶다. 이슬람 역사는 1,400년간 지속되어 왔고, 이 한 권의 책에 그들의 역사 속에 있는 모든 사건들과 연관된 자료들을 다 담는 것은 불가능하기 때문이다. 나는 큰 의미와 중요성을 갖고 있는 몇몇 사건들을 골랐고, 그것들을 요약하여 이 책에 실었다. 다시 말하지만, 이 책은 이슬람 역사를 모두 알 수 있는 광범위한 역사책은 아니며, '무하마드의 삶'을 소개하고, 이슬람의 광적인 신앙 너머에 있는 '정신'이 무엇인지를 이해할 수 있도록 도움을 주는 내용들을 위주로 담은 책이다.

마지막으로, 이슬람과 이슬람의 역사에 익숙하지 않은 사람들은 각 사건에 등장하는 어려운 이름들을 읽을 때마다, 그리고 비슷비슷한 이름들을 읽을 때마다 어려움을 느낄 수 있을 것이라고 생각된다. 그러나 이름이 명시된 주요인물들은 그 사건 자체만큼이나 중요하기 때문에 매끄럽게 읽히지 않음을 알고 있음에도 빼거나 바꾸지 않았다. 이에 대한 여러분들의 양해를 다시 한 번 구하며, 이제 이야기를 시작하고자 한다.

이 여정이 여러분들에게 의미 있는 여정이 되길 소망한다.

SECTION 1

무하마드와 이슬람의 탄생

제1장 : 일신교를 외치다 · 31
제2장 : 사탄의 속삭임 · 43
제3장 : 비참한 처지 · 49
제4장 : 밤의 여정 · 53
제5장 : 죽일 음모를 꾸미다 · 58

평화의탈을쓴
혈전의종교
이 슬 람

제1장

일신교를 외치다

　전승에 의하면, 무하마드 이븐 압둘라(Muhammad ibn Abdullah)는 A.D.570년 메카에서 태어났다. 그는 메카의 가장 강력한 부족인 쿠레이시 부족에서 태어났으나, 부족 내에서 가난한 가문인 바누 하심(Banu Hashim), 즉 하심 가족 또는 하심 씨족의 일원이었다. 쿠레이시 부족들은 상인이었고, 동시에 '카바(Kaba)'라 불리는 성지를 지키는 역할을 맡고 있었다. 카바 성지는 검은 운석으로 둘러싸인 곳으로 사람들은 메카 주변의 다른 종교유적지들과 함께 아브라함이 그곳을 건축했다고 믿고 있었다.

　무하마드의 아버지는 그가 모태에 있을 때 세상을 떠났고 무하마드가 여섯 살이었을 때에는 그의 어머니도 세상을 떠났다. 이후 무하마드의 할아버지가 그를 데려갔고, 할아버지가 사망할 때까지 함께 살았다. 할아버지를 여읜 후엔 작은아버지(아버지의 동생) 아부 딸리브(Abu Talib)와 함께 살게 되었다.

　한 전설은 아부 딸리브가 사업 차 몇몇의 샤이크(Shaykhs:지도자들 또는 귀족들)와 무하마드를 데리고 시리아로 길을 떠났을 때의 일을 기록하고 있다. 그 때 무하마드는 12살 정도였는데, 전설에 의하면

'바히라(Bahira)'라고 하는 한 수도사가 무하마드에 대한 예언을 했다고 한다. 아부 딸리브의 카라반이 바히라 무리 곁을 지나고 있을 때, 바히라는 구름이 무하마드 위로 그늘을 만드는 것을 보았다. 그리고 카라반이 멈추자 이번엔 나뭇가지가 구부러져 아래로 늘어지며 무하마드에게 그늘을 드리우는 것이었다. 이 모습에 강한 호기심을 느꼈던 바히라는 아부 딸리브의 카라반 일행을 식사에 초대했다. 교제를 나누며 그는 무하마드를 관찰했는데, 그 때 그의 양쪽 어깨 사이에서 그가 '마지막 선지자(the seal of prophethood)'가 될 것이라는 표식을 발견했다고 한다. 알-따바리(Al-Tabari)의 기록에 의하면, 바히라는 무하마드의 손을 붙잡고는 "이 사람은 세상의 머리다, 이 사람은 신의 전달자다, 이 사람은 세상에 알라께서 보낸 자비다!"[6] 라고 예언했고, 아부 딸리브와 샤히크들에게 유대인들로부터 무하마드를 보호하라고 조언했다고 한다. 그는 "알라를 위하여! 만약 유대인들이 이 아이를 보고 내가 깨달은 것을 알게 된다면, 이 아이에게 악행을 저지를 것이다. 당신 조카 앞에는 위대한 미래가 펼쳐져 있으니, 어서 빨리 이 아이를 집으로 데려 가라."[7]고 말했다고 한다. 다른 자료에는 바히라가 무하마드를 비잔틴제국(Byzantines)으로부터 보호하라고 말했다고 기록되어 있다.[8]

그러나 이 바히라의 예언 이야기는 후기 시라(Sira:전기) 작가들에 의해 조작된 것이라고 결론 내릴 수 있다. 먼저, 바히라가 기독교 수도자였다면, '마지막 선지자의 표식'은커녕 신약성경 어디에도 예수님 이후 다른 선지자가 있다는 기록이 없다는 것을 알았을 것이기 때문이다. 둘째, 바히라가 보았다고 말한 '무하마드의 몸에서 보여진 마지막 선지자로서의 표식'이 전혀 성경적이지 않기 때문이다. 성경의 어떠한 구절에서도 사람들에게 그러한 '표식'을 찾으라는 이야기는 나와있지 않다. 셋째, 무하마드가 자신을 '선지자'라고 선언했을 때, 그의 부족원 중 어떠한 귀족들도 그의 말을 믿지 않았다. 그렇다면 바히라에게 예언을 들었던 사람들은 그때 어디에 있었던 것일까? 그리고 무하마드 전기에 실린 바히라의 예언을 보면, 바히라는 무하마드의 작은아버지와 쿠레이시 부족의 몇몇 리더들에게 '유대인' 또는 '비잔틴제국'으로부터 무하마드를 보호하라는 조언을 했다고 하는데, 무하마드의 생을 위협했던 것은 그들이 아니라 오히려 쿠레이시 부족사람들이었다. 또한 만약 유대인이나 기독교인들이 예수 이후 새로운 선지자가 나왔다는 것을 알았다면, 어째서 자신들의 성경을 예언하는 선지자를 해하려고 했겠는가? 마지막으로, 아부 딸리브와 쿠레이시 부족 리더들이 실제로 바히라를 만났고, 무하마드의 미래에 대한 예언을 들었다면, 그들이 이슬람과 무하마드를 믿지 않은 채 죽을 수 있었을까? 분명 그렇지 않았을 것이다.

바히라의 예언에 대한 진실이 무엇이든지 시리아에서 돌아온 후, 아부 딸리브는 무하마드에게 낙타 유 짜는 업무를 맡겼다. 그리고 최종적으로는 무역업무를 맡겼고 이후엔 함께 무역업을 하기 위해 메카로 떠났다. 모든 것은 무하마드가 아부 딸리브에게 그의 딸 파크타(Fakhita's:움메 하니(Umm Hani)라고도 알려져 있다)와의 결혼을 승낙해 달라고 요청하기 전까지는 순조로웠다.

무하마드와 파크타는 어린 시절부터 함께 자랐기 때문에 사랑에 빠지는 것은 지극히 자연스러운 일이었고, 부부가 되어 일생을 함께 하는 것을 꿈꿔왔을 것이다. 그러나 그들의 바램은 아부 딸리브에게 통하지 않았다. 무하마드의 작은아버지인 그는 무하마드의 사업가적 기질을 신뢰했고 조카로서 그를 사랑했음은 틀림없었을 것이다. 그러나 고아에다 자신의 밑에서 일하는 가난한 무하마드가 자신의 딸과는 어울리지 않는 상대라고 생각했던 것 같다. 결국 그는 무하마드를 사위로 받아들이지 않았기 때문이다.

이후, 아부 딸리브는 그의 딸을 다른 친척들 중 한 사람과 결혼시켰는데, 이때 무하마드는 매우 화가 나 그의 작은아버지를 찾아가 "작은아버지, 어째서 저는 무시하시더니 후배라(Hubayra)와는 결혼시키신 겁니까?"라고 물었다. 이에 아부 딸리브는 "조카야, 그들은 나의 친척이고, 결혼은 동등한 위치의 사람끼리 맺어지는 게 맞다."라고 대답했다. 9

아부 딸리브의 거절이 가족들 사이에, 그리고 무하마드와 함께 하는 사업운영에 갈등을 일으켰을 가능성이 크다. 물론 당시 아부 딸리브가 겪고 있던 경제적인 위기도 무하마드가 일을 그만두게 된 원인이었을 수 있지만, 결정적으로 청혼이 거절당한 일로 인해 무하마드가 작은아버지를 돕던 일을 그만두었기 때문이다. 아부 딸리브가 그의 딸을 무하마드와 결혼시키지 않은 정확한 이유가 무엇이든지 간에, 이 사건을 통해 한 가지는 분명히 알 수 있다. 바로 아부 딸리브가 무하마드를 '고귀하거나, 그의 사위가 될 만큼 그들과 동등한 지위에 있다고 여기지 않았다'는 것이다. 그뿐만 아니라 언젠가 무하마드가 "세상의 지도자"가 될 것이라거나, "마지막 선지자의 표식"을 받았다거나, 그의 앞에 "위대한 미래가 기다리고 있다"고도 절대 믿지 않았다는 것이다.

이런 정황들을 통해 우리는 실제로 바히라가 무하마드에 대해 예언한 적이 없었고, 아부 딸리브와 쿠레이시 부족의 지도자들 또한 바히라와 마주친 사실이 없었다는 결론을 유추해낼 수 있다.

무하마드는 작은아버지를 돕던 일을 관둔 후, 새 직장을 구하기 위해 이리저리 옮겨 다녔다. 그러던 중, '카디자(Khadija)'라는 부유한 과부를 만나게 되었는데, 그녀는 메카에서 가장 큰 카라반을 가지고 있는 상인이었다. 그녀는 무하마드를 고용했고, 자신의 사업을 관리하고 운영하도록 맡겼는데 그 때 무하마드는 25살이었다. 그녀는 무하마드를 자신의 대리인 자격으로 시리아로 보냈고, 무하마드는 작은아버지 밑에서 쌓은 경험을 살려 모든 임무를 성공적으로 수행해냈다. 그리고 무하마드의 성실함에 반한 카디자는 그에게 청혼을 하게 된다. 그녀는 무하마드보다 무려 15살이 많았고, 이미 두 번째 과부가 된 처지였으나 무하마드는 일말의 주저함도 없이 그녀의 청혼을 받아들였고, 두 사람은 595년 7월 혼인하였다. 어떤 자료들을 보면 카디자의 아버지가 이 결혼을 심하게 반대했다고 한다. 그래서 카디자가 자신의 아버지가 술에 잔뜩 취했을 때, 그의 허락을 얻어냈다고 한다. 카디자의 아버지는 정신을 차린 후, 무하마드가 자신의 사위가 되었다는 것을 알고 굉장히 화를 냈다고 전해진다. 그러나 이미 성사된 그 혼인에 대해 그가 할 수 있는 것은 아무것도 없었고, 이 사실에 더욱 분노했다고 한다.10

무하마드의 삶과 사회생활에서 카디자의 역할은 매우 중요했다. 그는 인생의 황폐하고 방황하던 시기에 카디자의 품에서 위안과 안식을 찾았다고 전해진다. 더불어, 부유한 여성과 결혼하게 된 그는 더 이상 일하지 않아도 충분한 삶을 살게 되었다. 그러나 40세가 되면서 무하마드는 중년의 위기를 겪기 시작했다. 마음에 여유가 없고, 인생이 불만족스러웠던 그는 광야를 배회하기 시작했으며 메카 주변 산속에 있는 동굴들에서 여러 날을 보내기도 했다. 며칠 동안 타한누스 (Tahannuth:라마단 기간에 수행되는 이교도 의식으로 금식을 포함한다)를 수행한 후, 가족들에게 돌아가기를 반복하기도 했다고 한다.

무슬림들은 무하마드가 '히라(Hira)' 동굴에서 혼자 기도를 하고 있을 때 처음으로 천사가 그를 방문했다고 믿는다. 몇몇 전승에 의하면 그는 빛나는 사람의 모양을 한 존재를 보았는데, 그게 너무 무서워 급하게 집으로 돌아갔고 사람들에게 "나를 숨겨달라!"고 요청했다고 한다. 그리고 두려움이 좀 진정되었을 때, 아내에게 동굴에서 일어났던 일에 대해 이야기했다. 그는 자신이 악령에 사로잡혀 미쳐가고 있는 거라고 생각했지만, 카디자는 그가 미치지 않았으며, "나의 영혼의 주인이신 전지전능하신 알라를 위하여! 나는 당신이 알라의 선지자가 되었으면 좋겠어요."라고 말했다.

그녀는 그를 사촌인 '워라카 빈 노팔(Warraqa bin Naufal)'에게 데려갔는데 어떤 기록은 그를 기독교인이라고 하고, 또 다른 기록은 그가 '랍비'였다고 한다. 사람들은 워라카가 유대-기독교 성경을 공부했을 것이라고 생각하지만, 사실 그는 기독교인도 랍비도 아니었을 확률이 가장 높다. 그 이유는 그가 '하니프(hanifs)'라는 단체의 일원이었고, 그들은 일신교(유일신교)를 믿고 있었으며, 어떠한 특정 종교와도 관련이 없는 집단이었기 때문이다. 워라카는 무하마드의 경험을 들은 다음, 카디자에게 무하마드가 오래 전 모세를 찾아갔던 대천사장 나무스(Namus:가브리엘 천사)를 만난 것이라고 말했다. 워라카는 또한 "그 때 모세에게 계시된 것은 바로 십계명이었다"라고도 이야기했다.

이 일에 대해 여기서 몇 가지 짚고 넘어가고 싶은 것들이 있다. 먼저, 만약 많은 무슬림들이 이해하고 있는 것과 같이 워라카가 기독교 제사장(혹은 목회자)이었거나, 유대인 랍비였다면 그리고 그가 정말로 유대-기독교의 성경을 배운 사람이었다면, 그는 결코 대천사장 가브리엘이 모세를 찾아갔다고 말하지 않았을 것이란 사실이다.

성경 어디에도 가브리엘 천사장이 모세에게 나타났다는 구절은 없기 때문이다. 두 번째로 주목할 만한 점은 무하마드는 이 때 코란에 대한 어떠한 구절도 계시 받지 못했다는 것이다. 워라카는 어떠한 계시도 받지 못한 무하마드의 체험을 어떻게 모세의 십계명 사건과 비교할 수 있었을까? 전승된 이 내용은 무하마드의 선지자적 정당성을 부여하기 위해 후대에 지어진 이야기일 가능성이 가장 크다.

전승은 무하마드가 워라카의 설명을 듣고 나서도 여전히 자신의 경험에 대해 회의적이었으며, 모든 것을 의심했다고 이야기한다. 그는 자신의 경험으로 인해 겁에 질려 있었으며, 스트레스를 받았고, 악령에 사로잡힌 것인지 천사와 마주쳤던 것인지 어떻게 식별할 수 있는지를 전혀 알지 못했다. 카디자는 그런 무하마드를 매우 걱정하다가 어느 날, 그 방문자가 다시 나타나면 자신에게 알려달라고 말했다. 무하마드가 그녀에게 동굴에서 마주쳤던 존재가 다시금 앞에 나타났다고 말했을 때, 카디자는 그가 천사인지 사탄인지 분별하기 위해 상당히 이상한 방법을 사용했다. 그녀는 무하마드에게 자신의 왼쪽 허벅지 위에 앉으라고 한 후, "그(천사)가 보이나요?"라고 물었다. 무하마드가 "그렇다"고 대답하자, 이번엔 무하마드에게 그녀의 오른쪽 허벅지에 앉으라고 말한 후 그녀의 가운 매듭을 풀어 몸이 드러나도록 만들었다. 그러고선 무하마드에게 여전히 방문자가 보이는지를 물었고 무하마드가 "보이지 않는다"라고 대답하자, 무하마드에게 확신에 차서 이야기 했다. "마음을 단단하게 하세요. 알라

의 이름으로 확신해요. 그는 악마가 아니라 천사가 분명해요." 11

그녀는 천사라면 여자의 벗은 몸을 보지 않을 것이고, 악마라면 그러한 기회를 놓치지 않을 것이라고 믿었던 것이다. 카디자는 무하마드가 알라의 사도로 부름 받았다는 것을 확신했고, 무하마드의 첫 번째 추종자가 되었다

그러나 전승에 의하면, 무하마드는 그 후에도 그 문제로부터 자유롭지 못했다고 한다. 며칠 후 워라카가 세상을 떠났고, 무하마드에게 내려지던 계시도 중단되었다. 여러 전승들에 의하면, 이 시기의 무하마드는 엄청난 우울에 시달렸고, 정신이 혼란스러웠으며 여러 차례 자살을 생각했다고 한다. '사히 부카리(Sahih al-Bukhari)'의 '하디스(Hadith)'에 따르면 무하마드는 여러 차례 절벽에서 뛰어내리려고 시도했는데, 그 때마다 "무하마드여! 너는 진실로 진실로 알라의 전달자다!"라는 음성을 들었고 마음에 위안을 얻어 집으로 돌아갈 수 있었다고 한다.12 계시가 침묵하는 기간 동안 무하마드는 좌절했고, 그 때마다 카디자는 "알라가 결코 그를 이대로 내버려두지 않을 것이고, 무하마드를 기뻐하고 있다."고 확신을 주며 무하마드를 위로했다.

침묵의 기간에 대해서는 각각의 전승들이 다르게 이야기하고 있다. 어떤 전승은 그 기간이 3주라고 기록하고 있는데 다른 전승에서

는 3달, 또 다른 전승은 3년이라고 전하고 있다.

마침내 침묵 기간이 끝날 무렵, 무하마드가 다음과 같이 이야기했던 기록이 남아 있다: 길을 걷고 있는데 하늘에서 목소리가 들렸다. 고개를 들어 하늘을 보니, 히라동굴에서 나에게 찾아왔던 천사가 보였다. 그는 천국과 지상 사이에 있는 왕좌에 앉아 있었다. 나는 두려움에 휩싸였고, 가족들에게로 돌아가 "나를 숨겨달라, 나를 숨겨달라!"라고 말했다. 가족들이 나를 덮어줬고 그때, 하늘에 있는 최고로 높으신 알라께서 내려왔다. 그리고 나는 "오 겉옷을 걸치는 자여! 일어나서 경고하라!"(코란 74:1)[13] 라는 구절을 계시 받았다.

이 시기를 기점으로 무하마드는 그의 가장 가까운 가족들에게 설교를 시작했다. 그러나 다른 사람들에게는 3년 동안 자신의 새로운 정체성과 계시에 대해 비밀을 유지했다. 그리고 그 때 무하마드는 "너의 부족과 너의 가장 가까운 친족들에게 경고하라!"[14] 라는 또 다른 구절을 계시 받았다. 그리고 그때부터 무하마드는 비밀이었던 그의 정체성을 사람들에게 밝히기 시작했다. 알-따바리는 무하마드가 그의 가장 가까운 친지들에게 설교를 시작했을 때, 막내 딸 파티마에게 자신의 사명 기간에 대해 이야기 한 것을 다음과 같이 기록하고 있다: 알라의 사도가 파티마에게 이야기 하기를, "(천사 가브리엘이) 코란을 1년에 한 번씩 검토해줬었는데, 올해는 나와 함께 두 번 검토했단다. 나는 나의 시간이 오고 있음을 생각하고 있다. 너는 나의 친족 중에서도 나와 가장 가까운 아이란다. 선지자는 전에 보내진 선지자 생명의 반 동안 사명을 감당하도록 보내진단다. 예수가 40년 동안 이 땅에 보내졌고, 난 20년 동안 보내졌단다."15

성경을 읽어 본 독자들이라면 어렵지 않게 예수가 이 땅에서 3년의 공생애 시절을 보냈으며, 33년 간 살았다는 것을 지적할 수 있을 것이라고 생각한다. 한편 무하마드는 우리가 이제부터 살펴볼 내용에서 알게 되겠지만, 20년이 아니라 23년 동안 선지자로 살았다.

카디자는 무하마드와의 사이에서 알카씸(Al-Qasim)과 압둘라(Abd-Allah), 두 명의 아들을 낳았다. 그러나 첫 아들은 2살 때, 둘째 아들은 더 어릴 때 세상을 떠났다. 무하마드에겐 루카이야(Ruqayya), 움메 쿨툼(Umm Kulthum), 제이납(Zaynab), 그리고 파티마(Fatima)라는 4명의 딸들도 있었다. 한편, 무하마드의 주목할만한 초기 추종자들은 그의 가까운 친족들이었는데, 작은아버지 아부 딸리브의 아들 알리(Ali), 그의 어머니 쪽 친척이었을 것으로 추정되는 사드 이븐 아비 워카스(Sa'd ibn Abi Waqqas), 그리고 노예 신분에서 해방된 자유민이자 그의 입양된 아들인 자이드 이븐 하리스(Zaid ibn Haritha)였다. 다른 사람들 중 중요한 인물들로는 아부 바카르(Abu Bakr)와 그의 친척인 탈하 이븐 우베둘라(Talha ibn 'Ubaydullah)가 있었다.

무하마드는 대략 613년경 초대 종교를 창시하였고, 이 때 쿠레이시 부족의 소외계층민들과 몇몇의 귀족, 무리의 지도층 중 부유한 일부 사람들이 그를 추종하게 되었다. 우스만 이븐 아판(Uthman ibn Affan) 또한 주목할만한 사람 중 한 명으로, 굉장히 부유했으며 움마이야(Umayya) 씨족의 영향력 있는 사람이었다. 그는 후에 무하마드의 딸 루카이야와 결혼했고, 그녀의 사후에는 다른 딸 움메 쿨툼과 결혼했다.

제2장

사탄의 속삭임

무하마드가 공개적으로 설교를 시작했을 때, 지도계층의 많은 사람들은 그의 설교에 아무런 관심을 갖지 않았다. 그는 자신이 선지자라고 밝히면, 틀림없이 사람들이 그의 신흥 종교와 메시지를 있는 그대로 받아들일 것이라고 생각했으나 현실은 정반대였고, 이로 인한 실망을 감추지 못했다.

대부분의 사람들은 무하마드가 메카에 있었던 시절에는 평화의 사도였다고 믿고 있는데, 이는 잘못된 믿음이다. 당시 무하마드가 아랍의 우상숭배를 경고하고, 메카 사람들을 바른 길로 인도하기 위해 부름 받은 선지자라고 선포하자, 메카사람들은 그를 조롱하며 비웃었다. 이로 인해 무하마드는 매우 분노했으며, 평화와는 거리가 한참 먼 내용의 코란의 구절들로 응대하기 시작했다. 그는 지옥 불의 위협으로 가득 찬 구절들을 인용하여 자신을 거부하고 조롱했던 사람들에게 저주를 퍼부었다. 그뿐 아니라 몇몇 상황에서는 이븐 이스하크(Ibn Ishaq)의 기록에서 확인할 수 있는 바와 같이, 쿠레이시 부족들을 곧 있을 대학살에 대한 구절로 위협하기까지 했다 :

"쿠레이시여! 내 말을 잘 들어라! 나의 생명을 그 손에 가지신 알라의 이름으로 맹세컨대, 너희는 엄청난 학살을 겪게 될 것이다!"[16] 쿠레이시 부족의 지도자들 중 한 사람이 "무하마드는 만약 우리가 그를 따르지 않는다면, 크게 도륙 당할 것이고, 죽은 후에도 지옥 불에서 불타게 될 것이라고 위협하고 있다."고 부족 사람들에게 설명했다. 이에 대해 무하마드는 "내가 그렇게 말했다."라고 뻔뻔스럽게 인정했다고 전해진다.[17]

알-따바리와 이븐 사드(Ibn Sa'd)에 의하면, 모든 거절과 조롱에도 불구하고 무하마드는 부유한 상인들에게 인정받고 싶은 강한 욕구를 가지고 있었다. 그러나 상인들은 조상들의 종교를 포기하고 싶은 마음이 없었고, 무하마드를 선지자로 받아들이지 않았을 뿐 아니라 어떤 부분에서는 그를 적대적으로 대했다. 쿠레이시 부족은 '알-라트(Al-Lat), 알-우자(Al-Uzza) 그리고 마나트(Manat)'라는 세 여신을 경배하고 숭배하고 있었는데, 이들은 '알라의 딸들(빈트 알라:Bint Allah)' 이라고 불렸다. 그리고 이 세 여신들의 성지는 메카에서 하루가 채 걸리지 않는 곳에 있었다.

어느 날, 무하마드가 메카의 부유한 엘리트 계층 상인들과 함께 카바 신전 근처에 앉아 있을 때였다. 상인들이 무하마드에게 "그들이 섬기는 세 여신께 드리는 모든 예배가 합당하다고 인정하는지"를 물었다. 그때, 무하마드는 그에 대한 계시를 받았다며 그것을 쿠레이시 족에게 인용해 주었다. "알라의 세 딸들은 고귀한 여성들로 사람들은 신의 딸들에게 기도를 받기 위해 힘써야 한다."[18]

이븐 이스하크가 기록한 바와 같이, 이 계시 구절을 들은 쿠레이시 족 사람들은 매우 기뻐했다. 그들은 "무하마드는 우리의 세 여신들을 가장 영광되게 말했다. 우리는 우리의 신들이 바로 삶과 죽음의 주관자인 알라(al-Lah)신이라는 것을 알게 되었다. 만약 알라의 세 딸들이 계속해서 우리를 위해 기도를 베풀어 줄 수 있고, 무하마드도 우리의 신들에게 경배한다면 우리는 무하마드가 말하는 것을 받아들이겠다."라고 말했다.

전승이 전하는 바와 같이, 이 구절을 인용한 후 무하마드는 많은 사람들과 함께 세 여신들을 경배하는 자세로 쿠레이시 족 옆에서 무릎을 꿇었다. 달리 말하면, 무하마드는 세 여신들을 경배하는 것의 권위를 인정하고 정당성을 부여했을 뿐 아니라, 그 자신 또한 그들의 영광 아래 고개를 숙였던 것이다. 메카 사람들은 무하마드가 그들의 여신들을 인정한 것에 대해 매우 만족스러워했다.

그런데 당시 무하마드가 이렇게까지 타협한 이유가 무엇이었을까?

먼저, 아부 후레라(Abu Hurayra)와 카타다(Qatada)가 남긴 다음과 같은 증언을 이유로 생각해 볼 수 있다 : "세 코란 구절은 선지자 무하마드와 쿠레이시 부족의 지도자들 사이에 어떤 협상 후에 계시되었다. (쿠레이시) 지도자들은 무하마드가 자신들을 주인으로 인정해 주길 요구하고 있었다. 그게 아니면, 적어도 그들에게 행하는 무례함을 중단하길 원했다. 무하마드가 그렇게 하기만 한다면 그 대가로 평화롭게 떠나게 해줄 것이며, 좋은 관계를 유지하겠다고 약속했다. 또한 가난하고 갈 곳 없는 무슬림들에게 폭력을 행사하지도, 그들을 뜨거운 사막의 바위로 발가벗긴 채 쫓아내지도 않겠다고 약속했다."
[19] 또 다른 이유는 무하마드 자신이 쿠레이시 부족에게 받아들여지는 것을 너무나 간절히 원하고 있었다는 것이다. 그 당시 그는 심지어 일신론으로 부름 받은 자신의 사명과 믿음을 타협해서까지라도 (메카의 귀족들에게 받아들여지기 위해) 그들의 신들을 인정하는 것이 더 이익이라고 생각했을 가능성이 크다.

이후, 무하마드가 자신의 생각을 다시 바꾸기까지 얼마나 많은 시간이 걸렸는지에 대한 정확한 기록은 없지만, 결과적으로 그는 마음을 바꿨다.

이슬람 역사에 기록된 바와 같이, 무하마드가 세 여신에 대해 예언한 후 천사 가브리엘이 무하마드에게 나타났고, 천사는 "무슨 짓을 한 것이냐?"라고 그를 책망했다. 그 때 무하마드는 자신이 저지른 행동의 심각성을 깨달았고, 사탄의 유혹에 넘어가 그렇게 말했다고 대답했다. 그 뒤에, 천사는 무하마드에게 진실된 구절들을 알려주었고, 이전의 구절들을 폐지했다. 그리고 새로운 구절들을 쿠레이시 부족들에게 다시 인용해 말해주라고 지시했다.

"너희들은 그래도 알-라트나 웃자의 일에 대해 생각하고 있는가?

그리고 세 번째인 마나트의 일도.

너희들에게는 사내애가 있고, 알라에겐 계집애가 있다고 하는 건가?

그렇다면 공평하지 못한 몫이라고 할 수밖에 없다.
그것들은 너희들이나 너희들의 조상이 그렇게 부른 흔한 이름에 지나지 않는다. 알라께서는 그런 것에는 아무 권위도 내리시지 않았다.
그들은 억측과 욕정을 따르고 있음에 불과하다.
이미 그들에게는 주로부터 인도자가 파견되고 있는데도."[20]

이 구절들은 세 여신들을 '알라의 딸들'이라고 부르는 메카인들을 맹렬히 비난한다. 그리고 (이전에 계시됐던) 사탄의 구절들은 새로운 구절들에 의해 무효화되었다. 사람들이 무하마드에게 "당신 같은 알라의 선지자를 어떻게 사탄이 꾀어낼 수 있느냐?"고 질문할 때마다 무하마드는 자신을 방어하기 위해 다음과 같은 구절을 인용했다. "당신보다 이전에 우리들이 보낸 예언자와 사도는 누구나 바라는 것이 있을 때마다 사탄이 그의 바라는 것 속에 유혹을 던지는 것이 보통이었다. 그러나 알라께선 사탄이 던진 것을 말소하시고, 그 위에 당신 자신의 증거를 확고한 것으로 하셨다. 알라께선 잘 아시고 총명한 분이시다."[21]

이 구절은 사탄이 어떤 예언자를 미혹해서 잘못된 예언을 하도록 한 것이 이번이 처음이 아니라고 넌지시 비추고 있다. 이러한 일은 무하마드 전에도 있었고, 알라는 사탄이 선지자들을 통해 잘못 계시한 것은 어떠한 것이든지 능히 취소할 수 있다는 것이다. 그러나 이

주장은 전혀 근거가 없는 얘기다. 성경에 기록된 어떤 선지자도 하나님이 금지한 것들에 대해 사탄에게 속아 속수무책으로 당해 예언하거나 행동한 취약한 입장에 처하지 않는다.

무하마드는 왜 자신의 생각을 바꾸었을까? 거기엔 여러 가지 이유가 있을 수 있지만, 무엇보다 세 여신들을 숭배하는 것을 정당화했고, 그의 유일신교리를 타협했음에도 실질적인 이득이 많지 않았기 때문일 가능성이 가장 크다. 이 사건이 명백하게 말하고 있는 것은 코란 22장 52절에서도 명확하게 알 수 있듯이(코란 22:52 - 예언자와 사도는 누구나 바라는 것이 있을 때마다 사탄이 그의 바라는 것 속에 유혹을 던지는 것이 보통이었다. 즉, '바라는 것' 이었기에 사탄이 유혹을 던졌다는 것이다), 무하마드가 자신의 신념을 타협했던 것은 메카 사람들에게 받아들여지기를 간절히 원하는 개인적인 욕망을 이루기 위해서였다는 사실이다.

제3장

비참한 처지

　무하마드가 '신들,' 즉 '알라의 딸들'에 대한 관점을 바꾸고 그들의 예배를 비난하고 공격하기 시작하자, 쿠레이시 부족원들은 또다시 적개심을 갖기 시작했다. 그리고 메카 사람들은 무하마드와 그의 추종자들을 조롱하기 시작했다. 그러나 본격적인 박해는 무하마드의 보호자이자 옹호자였던 하심 씨족의 수장인 그의 작은아버지 아부 딸리브와 아내 카디자가 죽고 난 이후부터 시작되었다. 이슬람 역사는 아부 딸리브가 무하마드를 자신의 딸과 결혼하는 것을 반대해 둘 사이가 틀어졌으나, 무하마드가 카디자와 결혼한 후 둘의 관계가 회복되었다고 기록한다. 그리고 꼭 결혼 문제가 해결되어서만이 아니라, 아부 딸리브가 경제적인 위기로 어려움을 겪고 있을 때, 아들 알리를 무하마드에게 보내 함께 살게 함으로써 무하마드의 도움을 받기도 했다. (아들 알리는 1장에서 말했다시피 무하마드의 초기 추종자들 중 한 명이 되었다) 하심 씨족의 수장이었던 아부 딸리브는 자신의 아들을 거둬준 무하마드에게 진 은혜의 빚을 갚을 뿐 아니라, 진실하고 믿을만한 남자로서 무하마드를 보호해주는 자신의 역할에 책임을 다하였다. 그러던 중, (씨족 사회였던 메카지역에서) 가장 영향력 있던 두 씨족인 마크줌(Makhzum)씨족의 족장 아부 자할과 압둘 샴스(Abd-Shams)씨족의 족장 아부 수피안이 아부 딸리브를 만나러 왔다. 그들은 그에게 '무하마드에게 말해 신흥종교 전도를 멈추도록 하거나, 족장으로서 그를 더 이상 보호하지 말라'고 요구하며 압박을 가했다. 그러나 아부 딸리브는 약속을 지키는 사람이었고, 완강히 버티며 그들의 요구를 거절했다. 아부 자할은 무하마드를 하심 씨족에서 떼내지 못했기 때문에 다른 모든 부족들과 함께 하심 씨족에게 보이콧(boycott:부당한 행위에 대항하기 위하여 정치/경제/사회/노동 분야에서 조직적 집단적으로 벌이는 거부운동을 일컬음)을 선언하는 것에 대해 모의하기 시작했다. 물론 보이콧이 하심 씨족의 가계에 경제적인 영향을 주거나, 심각한 결과를 가져오는 것은 아니었다. 그러나 사람들에게 거부당하는 그 자체가 바로 가문의 수치였다. 그럼에도 불구하고 아부 딸리브는 죽을 때까지 자신의 결정을 고수했다. 아부 딸리브가 죽은 후, 그의 동생 아부 라합이 하심 씨족의 수장 직위를 이어 받았다. 그는 '영광의 아버지'라고 불리는 자로, 수장이 되기 전에는 무하마드에게 아부 딸리브와 동일한 버팀목의 역할을 해주겠다고 했으나, 수장이 되자 무하마드의 보호자 역할 해주겠다고 한 약속을 철회했으며 무하마드를 가문에서 제명시켰다.

아부 라합은 왜 무하마드를 보호해주던 일에서 손을 뗀 것일까? 무하마드가 조상들의 길을 버리고 너무 멀리 가고 있다고 생각했던 것일까? 아니면, 다른 사람들에게 조상의 도를 버리라고 말하며 너무 휘젓고 다닌다고 생각했던 것일까? 혹시 그 뒤에 정치적인 이유가 있었던 것일까?

아마도 계속 되는 다른 씨족들의 배척이 두려웠을 것이라고 짐작해 볼 수 있다. 또는 그들의 거센 압박이 견디기 힘들었을 수도 있고, 아부 수피안과 아부 자할과 협력하면서 얻게 되는 이득으로 인해 그랬을 수도 있다. 다만 한 가지 확실한 것은, 아부 라합이 무하마드의 가장 큰 적수였던 아부 수피안의 여동생과 결혼을 했다는 사실이다. 그는 끊임없이 무하마드를 방해하는 시도를 했던 사람인데, 결과적으로 아부 라합의 행동은 자신이 누구의 편에 설 것인지를 확실히 알려준 것이었다. 정확한 이유가 무엇이든 간에 아부 라합의 배반은 무하마드를 엄청난 충격과 고통에 빠지게 했으며, 아부 라합과 그의 아내에게 코란 111장 전체를 할애해 계시할 만큼 커다란 일이었다.

"아부 라합의 양손은 파과되어라.

아부 라합은 멸망하여라.

그가 모은 모든 재산은 그에게 아무 이득이 없으리라.

불길이 일고 있는 화염에 장작을 매단 그의 아내와 같이 불타버려라.

그녀의 목을 밧줄로 묶어라."22

당시 무하마드의 두 딸, 루카이야와 움메 쿨툼은 아부 라합의 두 아들과 결혼을 한 상태였다. 그러나 몇몇 전승들에 의하면, 딸들의 나이가 어렸기 때문에 이들의 결혼은 최종적으로 이루어지지는 않았다고 한다. 이븐 사드는 코란 111장을 들은 아부 라합이 두 아들에게 "너희가 무하마드의 딸들과 이혼하지 않는다면, 나는 더 이상 너희들의 아비도 아니고 너희들은 내 아들들이 아니다!"[23] 라고 말했다는 기록을 남겼다. 결국 아부 라합의 두 아들은 무하마드의 딸들과 이혼했다.

무하마드의 가장 절친한 친구이자 요새의 역할을 했던 사람들이 부인 카디자와 작은아버지 아부 딸리브였는데, 그 두 사람이 모두 세상을 떠났기 때문에 무하마드와 그의 추종자들은 실로 비참한 처지에 놓이게 되었다. 그는 메카에서 자신의 상황을 유지할 수 없는 심각한 위기에 놓였다는 것을 깨닫고, 곧바로 대안을 찾기 시작했다.

제4장

밤의 여정

　이때까지 무하마드는 대략 170명의 남자와 여자로 구성된 매우 제한된 추종자들을 데리고 있었다. 621년, 여전히 작은아버지와 아내의 죽음으로 비통에 잠겨 있을 때 무하마드와 그의 입양 아들 자이드는 메카 밖 다른 부족들의 충성을 얻으려는 희망을 가지고 따이프(Ta'if)의 수장들을 방문했다. 그러나 따이프 사람들도 무하마드를 믿지 않았고, 그의 메시지를 거부했을 뿐 아니라 그들을 흉내 내며 조롱하고, 못살게 굴며 마을 밖으로 쫓아냈다.
　따이프 족의 전도에 실패한 무하마드와 그 일행들은 쿠레이시 부족에 대한 두려움 때문에 밤에 메카로 돌아갔는데, 가는 길에 알무틴의 집에서 쉬어가게 되었다. 그는 이전에 무하마드의 씨족들을 배척하지 않고 도와준 무하마드의 아버지 형제들 중 한 명이었다. 밤에 무하마드의 아들 자이드가 은신처를 구하기 위해 그를 찾아 갔을 때도 그는 선뜻 도와주겠다고 허락했던 것이다. 그리고 기록에 의하면 그날 밤 무하마드는 모두가 잠든 사이에 기도를 하기 위해 카바 신전을 찾아갔는데 그 때, 천사 가브리엘이 부라크라 불리는 흰 짐승을 타고 나타났다고 한다. 부라크는 반은 당나귀이고 반은 노새의 모습을 하고 있으며, 사람의 머리에 독수리 날개를 가지고 있다고 한다. 부라크는 무하마드를 자신의 등에 태워 '베이툴-무카다스(Baitul-Muqdis:예루살렘)' 까지 날아갔고, '가장 먼 사원(Al-Aqsa Mosque:알-아끄사 모스끄)' 으로 들어갔다. 이 사원은 소위 '솔로몬의 신전' 이라고 추정되는 사원이다. 신전으로 들어간 무하마드는 아브라함, 모세 그리고 예수 등등의 다른 선지자들을 만났고, 이맘(Immam:예배를 인도하는 성직자)으로서 모두의 기도를 이끌었다고 한다. 기도를 마친 뒤에 일어난 일들에 대해 무하마드는 다음과 같이 말했다. "한 사닥다리가 내려와 지금까지 한 번도 본 적 없는 훌륭한 곳으로 나를 데려갔다. 한 천사가 그곳을 담당하고 있었는데, 그의 밑에 12,000명의 천사들로 이루어진 군대가 있었고 그들 각각 또한 수하에 12,000명의 천사들로 이루어진 군대를 가지고 있었다." [24] 천사들을 본 후, 무하마드는 사닥다리를 타고 위로 올라갔고, 일곱 단계로 이루어진 천국을 차례로 올라갔다. 천사 가브리엘이 천국의 한 층 한 층을 그에게 안내했고, 그는 각 층을 주재하고 있는 선지자들을 만났다고 한다. 그는 첫 번째 천국에서 아담을 만났고, 두 번째에서 예수와 세례 요한을 만났다. 세 번째에서 요셉, 네 번째에서는 이드리스(에녹)를, 다섯 번째에서는 아론을 만났다. 여섯 번째에선 모세를 만났고, 마지막 일곱 번째 천국에서 아브라함을 만났다. 이후, 그는 이슬람 교도들을 위해 규정된 '매일의 기도 지침' 을 받았다고 한다. 처음에 알라는 무하마드에게 50개의 일일 기도를 규정해주었다고 한다. 그런데 무하마드가 여섯 번째 천국으로 내려와 다시 만난 모세가 무슬림들에게 50개의 일일 기도가 정해진 것을 알게 되었고, 하루에 50개의 '일일 기도'를 드린다는 것이 무하마드의 공동체에게 너무 과하다고 말했다. 그는 무하마드에게 다시 알라께 돌아가 기도를 줄여달란 요청을 하라고 조언했다. 그 말을 따라 무하마드는 다시 알라에게 돌아갔고, 알라는 기도의 개수를 10개로 줄여 주었다. 그런데 모세는 그것도 많다며 다시 조언했고, 최종적으로 매일 해야 할 기도의 개수가 5개로 줄었다고 한다.

이 여행은 무슬림들 사이에 끝없는 논평과 논쟁을 불러 일으키고 있다. 어떤 집단은 이 이야기는 한낱 환상에 불과하며 실제 육신이 (천국으로) 들려 올려진 것이 아니라고 단언한다. 반면, 어떤 집단은 무하마드의 실제 육체가 짐승을 타고 예루살렘까지 갔고, 그 다음엔 천국에도 올라갔다며 이것이 사실임을 강하게 주장한다.

논란이 되고 있는 다른 기록은, 무하마드가 실제로는 한밤 중에 카바신전에 기도하러 가지 않았고, 작은아버지 아부 딸리브의 딸 파크타(움메 하니라고도 알려짐)의 집으로 갔다고 전하고 있다. 이 여인은 무하마드가 어린 시절 정말로 결혼하길 원했으나, 작은아버지에게 허락 받지 못해 결혼하지 못했던 여인으로, 후에 메카를 다 점령하고 나서 무하마드는 그녀에게 다시 청혼했다. 참고로 무하마드가 메카를 점령한 후, 그녀는 이슬람으로 개종했으며 개종을 원치 않았던 그녀의 남편은 멀리 도망을 친 사건이 있었다. 그녀의 남편이 그녀를 두고 도망간 것을 안 무하마드가 그녀에게 청혼을 했는데, 어떠한 이유에서인지 그녀는 그를 거절했다. 그리고 나중에 반대로 파크타가 무하마드와 결혼하길 원했지만, 이번에는 무하마드가 그녀의 청혼을 거절했다.

다시 논란이 되고 있는 그 이야기로 돌아가면, 이야기는 다음과 같이 이어진다. 한밤중 모든 사람들이 잠들었을 때, 무하마드는 조용히 그 집을 빠져 나와 파크타의 집으로 갔다. 그리고 그날 밤을 그곳에서 보냈다. 다음날, 잠자리에 없는 무하마드를 사람들이 찾아다니다 마침내 그를 그녀의 집에서 발견했다. 파크타가 말하기를 "그는 돌아가려고 일어났어요. 제가 그의 옷자락을 세게 붙잡았기 때문에 그의 옷이 벗겨져 배가 드러났죠. 저는 그에게 애원했습니다. '무하마드, 제발 사람들에게 승천했다는 이야기를 하지 마세요. 그들은 당신이 거짓말을 하고 있다는 것을 알게 될 거고, 당신을 비웃고 무시할거에요.'[25] 파크타가 예상했던 바와 같이, 많은 추종자들이 이 여행에 대해 이야기한 무하마드를 조소하고, 비웃으며 그를 외면하고 떠나는 일이 생겼다. 그러자 무하마드는 이 초자연적인 여행은 '육체적인 승천'이 아니었고, '단지 꿈을 꾼 것이었다'고 해명했다. 누구도 그의 이야기가 사실이라고 믿지 않았는데, 아부 바카르만은 그의 말을 그대로 믿었다. 아부 바카르는 무하마드의 오른팔이자 미래에 무하마드의 장인이 되는 인물로, 무하마드의 모든 이야기를 액면가 그대로 받아들였고, 다른 사람들에게도 무하마드가 그렇게 얘기했다면 그것은 틀림없는 진실일 것이라고 이야기했다.

무하마드가 예루살렘까지, 그리고 나서 천국까지 여행했다는 그날 밤의 이야기가 의심을 불러일으키는 몇 가지 이유를 이야기하고 싶다. 먼저, 무하마드는 자신이 짐승의 등에 타고 예루살렘의 '솔로몬의 성전'까지 갔고, 그곳에서 기도시간을 인도했다고 했는데 이것은 역사적으로 가능하지 않은 틀린 이야기다. 부라크(Buraq), 즉 날개 달린 짐승이 무하마드를 데리고 예루살렘으로 가기 약 6세기 전인 A.D. 70년까지 로마인들이 이미 무하마드가 말한 이 '솔로몬의 성전'을 돌 하나도 남기지 않고 완전히 파괴했기 때문이다. 또 다른 이유는 기록으로 전해지는 파크타의 말에서 찾을 수 있다. 그녀는 "사람들에게 이것(승천했던 것)을 말하지 마세요. 그들은 당신이 거짓말을 하고 있다는 것을 알 거에요."라고 이야기했다고 전해지는데, 이것은 무하마드가 거짓을 이야기하고 있다는 사실을 그녀는 알았다는 말이다. 비록 (이슬람으로 개종한) 후의 그녀는 무하마드가 자신의 집에서 천국으로 들려 올라갔다는 것에 자부심을 갖게 되었지만, 그녀는 진실을 알고 있었다. 마지막 이유는 무하마드가 어디에 있었는지에 대한 사람들의 말과 천사 가브리엘이 그를 언제 방문했는지에 대한 사람들의 증언들에 모순이 있기 때문이다. 그리고 이 모순은 무하마드의 승천에 관한 이야기가 전혀 신뢰할만하지 못하다는 것을 뒷받침할 수 있는 이유로 충분히 가치가 있다.

그러나 진실 여부를 떠나, 이 사건은 무하마드가 선지자라는 핵심 증거로 자리매김되었다.

5장

죽일 음모를 꾸미다

쿠레이시 족의 종교와 연관된 상업은 아랍 순례자들의 중심 성지인 카바와 매우 연관이 깊었다. 그런데 무하마드와 그의 추종자들이 이 상업에 점점 더한 위협을 가하자, 아부 자할은 이 문제를 매듭짓고 싶어했다. 아부 자할이 문제해결을 위해 음모를 꾸미고 있는 동안, 무하마드는 아비시니아(Abyssinia:현 에티오피아의 별칭)로 자신의 추종자 몇몇을 보내 기독교인 통치자였던 니거스(Negus:에티오피아 황제의 존칭)에게 도움을 구했다.

알 따바리의 기록에 따르면 "아비시니아는 니거스라고 하는 종교적인 왕이 통치하고 있었는데, 그곳에서는 누구도 억압당하지 않았고, 그의 의로움이 칭송 받았다."[26] 고 한다. 니거스는 무슬림들을 받아주었고, 그들에게 단순한 피난처 이상의 것들을 제공해 주었다. 무슬림 이주민들은 무하마드에게 기독교인 왕이 얼마나 관대하고, 그들을 잘 대접해 주었는지에 대해 보고했다.

"우리는 아비시니아로 왔고, 여기에서 최고의 주인인 니거스에게 융숭한 대접을 받았습니다. 우리는 어떠한 핍박도 받지 않고, 욕설도 듣지 않고, 알라께 예배를 드렸습니다. 여기에서 우리는 우리의 종교행위를 행할 수 있는 안전을 보장받았습니다."[27] 이 무리를 이끌고 있던 건 무하마드의 딸 루카이야와 그녀의 두 번째 남편 우스만이었다고 전해진다. 그 때, 쿠레이시 부족이 아비시니아에 그들의 대표단을 보내 니거스에게 무슬림 난민들을 돌려보내 줄 것을 요청했다. 그러나 니거스는 이 요구를 거절했고, 무슬림 난민들을 쿠레이시 족에게 넘겨주지 않았다. 이후 무하마드의 추종자들은 쿠레이시 족을 피해 아비시니아에서 빠져 나왔다. 동시에 쿠레이시 부족은 니거스가 난민들을 넘겨달라는 요청을 거절하자 깜짝 놀랐고, 무하마드의 신흥종교를 뿌리뽑고 싶어했던 메카 사람들은 이후 극단적인 방법을 동원하게 되었다. 그들은 무하마드를 암살할 12명의 남자들을 12부족에서 1명씩 대표로 뽑았다. 이는 하심 씨족이 무하마드의 핏값에 대해 특정한 한 부족에게 복수하지 못하도록 하기 위한 방편이었다. 그런데 어쩐 일인지 무하마드가 그 음모의 낌새를 알아차렸고, 아부 딸리브의 아들이자 자신의 사촌인 알리를 자신의 침대에서 대신 자도록 하고는 그곳에서 도망쳤다. 한밤 중, 암살자들이 무하마드의 숙소에 도착했다. 자고 있는 사람을 찌르려고 했을 때 그들은 그 사람이 무하마드가 아니라 그의 사촌 알리인 것을 알고는 소스라치게 놀랐다. 알리는 그들에게 무하마드는 이미 도망쳤음을 알렸다.

무하마드는 메디나로 이주하기 바로 직전, 서다 빈트 자마(Sawda bint Zam'a)라는 부인을 데려갔는데, 그녀는 남편을 잃은 과부였고 슬하에 5명 또는 6명의 아들들이 있었던 여자였다. 당시 무하마드는 자신의 딸들을 돌봐줄 수 있는 어머니 같은 자애로운 존재가 필요했기에 그녀가 늙고, 뚱뚱하고, 매력적이지 않았음에도 불구하고 그녀와 결혼했으며, 이후 여러 명의 부인을 얻게 되자 그녀와 이혼하길 원했다. 그러는 사이 무하마드는 그의 친구 아부 바카르의 딸 아이샤(Ashia)와도 약혼을 하게 된다. 놀라운 것은 무하마드가 아이샤에게 청혼할 당시 그녀가 고작 6살의 나이였다는 사실이다.

SECTION 2

히즈라: 신세계 질서의 지배

제1장 : 메카에서 메디나로 · 63
제2장 : 바다르 전투와 그 여파 · 68
제3장 : 케누카 부족의 추방 · 77
제4장 : 우후드에서의 패배 · 80
제5장 : 알-나디르 부족의 추방 · 83
제6장 : 두 번째 바다르 전투 그리고 바누 무스딸리끄 부족의 운명 · 86
제7장 : 포위당한 메디나 · 95
제8장 : 대학살을 당한 바누 쿠레이자 부족 · 99
제9장 : 메카와 메디나의 평화조약 · 104
제10장 : 케이바르를 습격하다 · 111
제11장 : 하렘(Harem) 내부의 반란 · 118
제12장 : 움라(Umra)를 위해 메카로 돌아가다 · 121
제13장 : 메카의 항복 · 123
제14장 : 조세징수 · 128
제15장 : 무하마드의 죽음 · 130

평화의 탈을 쓴
혈전의 종교
이　슬　람

제1장

메카에서 메디나로

　메디나(Medina:야트리브 → 사우디아라비아의 역사지명)는 총 11개의 부족으로 이루어져 있었다. 그 중 세 부족이 유대인 부족인 알-나디르(al-Nadir), 쿠레이자(Qurayza), 케누카(Qainuqa)였다. 무슬림 자료들에 의하면 "야트리브는 본래 로마 식민지 시절, 로마에 반란을 일으킨 후 생존한 팔레스타인 디아스포라(Palestinian Diaspora) 유대인들에 의해 건설된 유대인 도시였다. 로마의 통치에 반대하여 일으킨 바르 코크바(Bar Kokhba)의 반란 이후 유대인들은 아라비아 반도에 정착했는데, 특히 케이바르(Khaybar), 메디나(Medina), 타부크(Tabuk) 그리고 타이마(Tayma)에서 터전을 일궜다. 그리고 아라비아 북쪽 반도에 정착한 유대인들은 높은 생산성을 가진 오아시스의 농부들이었다. 유대인들은 그들 인근에 정착한 남 아라비아에서 온 떠돌이 아랍 부족들과 합류해 살았고, 그곳을 그들의 연고지로 삼고 완전히 정착하였다."[28] 고 한다. '알-메디나(al-Madina)' 라는 명칭은 '구(district)'를 뜻하는 아람어로 사람들은 유대인들이 이 도시의 이름을 지었을 것이라고 생각하고 있다.

메카 사람들이 무하마드를 제거하려고 애쓰는 동안, 메디나에서는 메디나의 이교도들이 내부의 적에 의해 처참하게 살해당하는 유혈사태가 일어났다. 그리고 이 일로 인해 그들은 부족들 사이에 평화를 가져다 줄 중재자를 찾고 있었다. 메디나의 '카즈라즈(Khazraj)' 부족의 족장 압둘라 빈 우베이(Abdullah b. Ubayy)가 중립적인 입장이었음에도 불구하고, '어즈(Aws)' 부족은 이 일에 대한 카즈라즈 족장의 판단에 의문을 제기했다. 그래서 그들은 누군가 외부인에게 이 일을 맡기길 원하고 있었다. 그러던 620년, 알-아카바(Aqaba) 근처에서 순례여행을 하던 대략 6명의 메디나 사람들이 무하마드를 만나게 되었다. 그들은 무하마드에게 깊은 인상을 받았고, 그가 그들이 원하는 일을 잘 처리할 적임자라고 생각했다.

그 다음 해 12명의 메디나 각 부족 대표들이 무하마드를 만나 조건을 논의했다. 이 협약은 2년 여의 시간에 걸쳐 이루어졌다. 마침내 메디나 사람들이 무하마드가 원하는 조건과 조약들을 제공하기로 동의하자, 무하마드는 그가 기다려온 기회를 이용하기 위해 일분일초의 시간도 낭비하지 않았다. 흥미로운 것은 스틸만(Stillman)의 다음과 같은 기록이다. "유대인들은 무하마드를 메디나로 초청하는 일에 있어서 어떠한 발언도 내지 않았다. 그리고 이 아카바 협약(Aqaba negotiations)에 유대인은 한 명도 참석하지 않았다."[29]

그 후, 다른 만남을 통해 어즈 부족과 카즈히라 부족에 속한 약 75명의 메디나 사람들이 이슬람을 받아들였고, 무하마드에게 충성을 맹약했다. 무슬림들의 메디나 이주 준비가 완료되자, 약 70명의 무슬림들이 비밀리에 메디나로 이주했다. 그리고 622년 여름 메카 사람들이 무하마드를 죽이려고 시도했을 때, 그 자신도 곧바로 아부 바카르와 함께 메디나로 도피했다.

메디나에서 무하마드를 받아들인 사람들은 단지 그의 판결에만 온전히 굴복하겠다고 동의한 것이 아니라, 그의 종교도 받아들였다. 무하마드는 그들을 안사르(Ansar:처음으로 이슬람교를 믿은 메디나 인)라고 불렀고, 이것은 "돕는 자들"이란 뜻이었다. 그리고 메카에서 메디나로 이주한 사람들은 무하지룬(Muhajirun:이민자)이라 불렸다. 안사르들은 메디나 내에 '마스지드-에-나비(Masjid-e-Nabawi:선지자의 모스크)'라 불리는 모스크를 건축했다. 그리고 모스크 옆에 무하마드의 집과 함께 2개의 숙소를 더 지었다. 집이 준비되자 무하마드는 9살이 된 아이샤와 결혼했고, 숙소 중 한 곳에 그녀를 살게 했으며 그곳에서 정식으로 두 사람의 결혼생활을 시작했다.

이제 무하마드의 삶은 더 이상 위협당하지 않았고, 적들은 멀리 떨어져 있었다. 그리고 메디나 사람들은 그가 그 도시에서 강력하고, 새로운 종교와 정치가 통합된 권력기관을 창설하는 데 있어 최상의 기회를 제공했다. 무하마드는 메디나 사람들이 외부의 공격을 방어하고, 내부의 모든 분쟁을 종식시키기 위한 새로운 법과 규칙을 소개했는데, 이것이 이후 "메디나 헌장(Constitution of Medina)"이라고 알려졌다. 이 헌장은 무하마드의 정치적이고 종교적인 권위가 메디나 전체에 효력이 있음을 다음과 같이 분명하게 명시하고 있다. "만약 문제를 일으킬 소지가 있는 어떠한 분쟁이나 논쟁이 발생하면, 그것은 무조건 알라와 알라의 사도 무하마드에게 회부되어야 한다."[30] 이 헌장은 유대인들을 향한 몇몇 제한사항이나 의무사항을 포함하고 있었으나, 당시 유대인들은 그 사안들에 동의했던 것으로 보인다. 이 시기까지 무하마드의 메시지와 그의 계시 코란은 대부분 지침, 선한 일을 하라는 권고, 악을 피하라는 내용들로 이루어져 있었다. 그러나 메디나에서 지내는 동안 무하마드의 메시지와 그의 전반적인 인격이 완전히 변화되었다. '칼의 구절들'과 '지하드(Jihad) 구절들'이 무하마드 안에서 서서히 형체를 드러내기 시작했다.

이전에 그는 아브라함을 뿌리로 둔 종교들 간에 보편적인 형제애를 가르치고 있었다. 그러나 메디나에서 전파된 그의 메시지들은 매우 배타적이 되었고, 무슬림과 비-무슬림들 사이를 '다르 알-이슬람(Dar al-Islam:이슬람의 집)' 그리고 '다르 알-허브(Dar al-hurb:전쟁의 집)'로 편가르기 시작했다. 누구든지 무하마드와 함께 하면 '이슬람의 집(Dar al-Islam)'이었고, 누구든지 그에게 반대하거나 이슬람에 저항하면 '전쟁의 집(Dar al-hurb)'이었다.

메카에서 무하마드는 자신을 거절하는 쿠레이시 족에 대해 오직 구두로만 위협했을 뿐 절대 무력으로 자신의 종교를 강요하지 못했으나, 메디나에서는 모든 것이 바뀌었다. 폭력과 정치적 암살을 이용했고, 법과 도덕에 구애받지 않고 유혈사태를 일으켰다. 이슬람의 전진을 가속화하기 위해서라면 모든 수단을 가리지 않고 이용하게 되었다.

메카에서 메디나로 이주한 지 얼마 되지 않았을 때, 무하마드와 이주자들에게 또 다른 고민이 생겼다. 그것은 바로 "메디나 사람들이 어떻게 우리를 지지하게 할 수 있을까?"하는 것이었다. 무하마드는 이 문제를 해결하기 위한 방편으로 메카의 카라반들을 공격하는 것을 생각해냈다. 무하마드는 '히즈라(Hijra)' 이후 18개월 동안, 7번의 원정대를 직접 이끌었다. 메카의 상인 카라반들을 강도질 하기 위해 기습 공격조들을 보내기 시작했는데, 메카의 카라반들이 시리아에서 메카로 돌아오려면 메디나와 홍해를 거쳐야만 하는 것을 이용한 급습이었다. 무하마드는 첫 세 번의 원정에서는 카라반 강탈에 실패했다. 그러나 무하마드 없이 나클라(Nakhla)에서 임무를 수행했던 그 다음 원정대가 마침내 약탈에 성공했다. 이 원정에서 메카인 1명이 죽고, 2명이 포로로 잡혔다. 문제는 나클라에서의 이 공격이 라자브(Rajab:이슬람력의 제7월)인 성스러운 달에 일어났다는 것이었는데, 이 시기는 전투나 피 흘림이 금지된 성스러운 시기였다. 이 성스러운 기간에 일어난 위반행위로 인해 많은 사람들, 심지어 메디나 사람들도 큰 충격을 받았다. 그러나 무하마드는 자신의 살인 행위에 대해 책임지지 않았다. 그는 부하들이 자신의 명령을 오해해 살인을 저질렀다고 변명했다. 그러나 이후에는 아예 살인을 정당화하는 코란 구절인 코란 2장 217절을 계시 받았다고 이야기했다. 그는 이 선전(善戰)을 개시로 방어적이었던 전략에서 공격적인 전략으로 방향을 틀었고, 무하마드 본인이 먼저 "메디나 헌장"을 위반하기 시작했다.

제2장

바다르(Badr) 전투와 그 여파

624년 봄 무하마드는 가장 크고 장래성 있는 메카의 카라반이 바다르(Badr)를 지나간다는 소식을 들었다. 더욱이 이 카라반은 그의 필적인 아부 수피안이 이끌고 있는 것이었다. 무하마드가 원정을 위한 준비를 하고 있을 때, 메카 주민들이 무하마드의 계략에 대한 낌새를 알아 차렸다. 그들은 무하마드와 그의 무리에게 따끔한 교훈을 주고, 앞으로는 더 이상 그들의 경제를 위협하지 못하도록 하기 위해 우수한 군인들을 소집해 군대를 만들었다. 아부 자할도 아부 수피안을 지원하기 위해 950명의 장정들을 데리고 합류했다. 그러나 승운은 무하마드의 편에 있었다.

무하마드는 수적으로 우세한 그들의 군대를 바다르에서 패배시켰고, 그의 가장 철전지 원수였던 아부 자할을 죽여 몇몇 포로들과 함께 전리품으로 삼았다. 무하마드의 명령에 따라 시체들은 깊은 구덩이 속으로 던져졌다. 늦은 저녁 무하마드는 구덩이 옆에 서서 죽은 시체들을 향해 크게 소리쳤다. "구덩이 속의 던져진 자들아! 이제 알라께서 말씀하셨던 위협이 진실이란 것을 알겠느냐!!"[31] 무하마드는 자신이 메카에 있을 때, 쿠레이시 족에게 퍼 부었던 "나는 너희를 도륙할 것이다!'라고 했던 위협을 언급하고 있었던 것이다. 그리고 그는 "나의 주께서 나에게 약속하신 것이 진실이라는 것을 깨달았다."[32] 라고 말했다.

바다르 전투에서의 승리와 함께 메디나 내에서 무하마드의 지위는 더욱 막강해졌을 뿐 아니라, 경고하는 선지자이자 전략적인 전사로 그 지위가 승격되었다. 전쟁이 끝난 후, 무하마드의 군인들 사이에선 전리품을 놓고 갈등이 폭발했다. 그리고 이때, 코란 8장 전체에 나와 있는 '전리품에 대한 구절(코란 8장:The Spoils of War)'이 무하마드에게 계시되었다. 8장의 첫 구절은 "모든 전리품은 알라와 사도의 것"이라고 명시한다. 무슬림들은 무하마드의 판단에 복종하라는 명령에 따라야만 했고, 무하마드가 전리품 중에서 자신들에게 하사한 것이 무엇이든지 그것을 그대로 받아들여야 했다. 더 나아가 코란은 명백하게 "너희들이 잘 알고 있어야 할 일은 어떤 전리품을 얻었다 해도 그 5분의 1은 알라의 것, 그리고 사도의 것"(8:41)이라고 명령하고 있다.

선지자가 전리품을 갖는 것에 대한 반대 의견도 있었을 것이다. 그러나 무하마드는 "전리품은 내 전 선지자들과 달리 나에게만은 합법적으로 허락되었다."[33] 라고 이야기했다.

그러는 사이, 유대인들은 무하마드와 그의 가르침에 매우 세밀한 주의를 기울이고 있었고, 곧바로 그가 선지자가 아니며 선지자를 사칭하는 사기꾼이라는 것을 알아차렸다. 선지자로 본인을 막 드러내기 시작했던 시절, 무하마드는 유대교와 기독교의 구전지식과 성경에 대한 지식을 조금 얻었다. 그것은 그가 시리아로 여행을 갔을 때 만났던 유대인들과 기독교인들 때문이기도 했으나, 대부분은 유대인들 그리고 기독교인들과 자주 관계를 가졌던 아내 카디자의 사촌 '워라카 빈 노팔'을 통해서였다. 그리고 그는 다른 사람들을 통해서도 기독교와 유대교에 대한 약간의 지식을 얻었는데, 몇몇 전승들에 무하마드가 두 명의 기독교 노예 소녀들에게 유대-기독교에 대한 이야기를 배운 것을 사람들이 비난했다는 기록이 남아있다. 전승들에 의하면, '이븐 알-하드라미(Ibn al-Hadrami)'란 인물이 두 명의 어린 기독교인인 노예 소녀들을 데리고 있었는데, 이 소녀들이 모세오경(창세기/출애굽기/레위기/민수기/신명기)과 복음서로 이루어진 성경을 가지고 있었고, 무하마드는 그들이 성경 읽는 것을 듣곤 했다는 것이다. 또한 알-따바리는 무하마드가 그들과 교제하며 그들에게 성경을 배웠다고 기록하고 있다.

    그러나 무하마드가 어디에서 어떻게 유대인과 기독교인의 성경을 배웠는지 유대인들에게는 전혀 상관이 없었다. 왜냐하면, 무하마드가 성경의 사건들에 대한 이야기들을 정확히 말하지 못했기 때문이었다. 또한 무하마드는 글을 읽거나 쓰지 못했기 때문에 오로지 그의 기억력에만 의존해 이야기를 할 수 밖에 없었는데, 이것 또한 그가 정확한 이야기를 할 수 없게 하는 요인이었다. 무하마드는 자신이 성경 지식으로 유대인들에게 깊은 인상을 심어 준다면, 그들이 틀림없이 아랍 사람들을 전도하기 위해 알라로부터 보냄 받은 자신의 사명을 인정해 줄 것이라고 기대하고 있었다. 그러나 그는 성경을 어슴푸레 기억하고 있었고, 늘 구약성경에 등장하는 인물들의 이름과 사건들을 마구 뒤섞은 채 이야기를 끝맺었다. 그의 이야기 속에서 기드온(Gideon)은 사울(Saul)이 되었고, 모세(Moses)의 누나인 미리암(Mirriam)은 예수의 어머니가 되는 등 어리석은 실수는 계속되었다. 무하마드의 무지로 인해 유대인들은 그의 종교를 존중하지 않기 시작했다. 그들은 그의 계시는 믿을 수 없는 것이며, 전혀 이해할 수도 없는 것이라고 목소리를 내기 시작했다. 이븐 이스하크는 "유대인 랍비들은 알라의 사도에게 질문을 하며 그를 괴롭혔다."라고 전한다.[34] 실제로 유대인들은 무하마드에게 그의 왜곡된 구약성서 이야기의 출처를 물었고, 그들이 확연한 오류들을 지적할 때마다 무하마드는 괴로워했을 뿐 아니라, 대중들 앞에서 엄청난 수치를 당했다. 코란의 상당 부분이 유대인들에게 할당되어 있는데, 그 구절들을 보면 유대인들이 무하마드를 거부했던 것이 무하마드에게 얼마나 심한 고충을 안겨줬는지를 분명하게 알 수 있다. 처음에 무하마드는 유대인들에게 이슬람으로 개종하라고 요구하지 않았다.(코란 5:69절을 보라) 그가 유대인들에게 원했던 것은 오직 한 가지 '자신이 아랍 세계를 위해 보냄 받은 진실한 선지자라고 인정받는 것' 이었다. 그러나 유대인들은 그를 비웃기 시작했고, 그를 인정하지 않았다. 그러자 무하마드는 "유대인들아! 알라께서 쿠레이시 족들에게 내리신 것과 같은 형벌이 너희 위에 내리지 않도록 조심하라! 이슬람을 받아들여라! 너희는 내가 알라께서 보내신 선지자임을 알아야 할 것이다. 너희는 이 사실을 너희 성경에서 발견하게 될 것이고, 이것이 너희와 알라가 맺은 언약임을 알게 될 것이다."35 라고 말하며 유대인들을 위협하기 시작했다.

무하마드가 말하는 쿠레이시 부족이 받은 형벌은 바다르 전투에서 있었던 일을 통해 알 수 있다. 이 전투에서 무슬림들은 메카의 군대와 싸워 승리했고, 바다르에서 메카 사람들을 물리친 후, 무하마드는 더 많은 명성과 권력을 가지게 되었으며 메디나 내에서 자신의 적들을 다스리기 충분한 위치에 올랐다. 무하마드가 행한 첫 번째 전략은 종교적으로 자신과 유대인들을 분리하는 일이었다. 그때까지 무하마드는 유대 종교의 일부 관습들을 받아들이고 있었다. 예를 들면, 무슬림들은 예루살렘을 향하여 기도했고 유대교의 속죄 일에 금식하곤 했었다. 그러나 유대인들이 자신을 거부하자 키블라(Qibla: 기도방향)를 예루살렘에서 메카로 바꿨다(코란 2:144). 그리고 하루를 금식했던 것에서 한 달 전체 금식하는 것으로 율법을 바꾸었다.

무슬림 학자 타임 안사리(Tamim Ansary)는 "…… 당시 메디나의 세 유대인 부족들이 개종에 반대하는 대규모 저항을 벌였다. 그리고 시간이 흐를수록 점점 유대 부족들과 무슬림들 사이의 마찰이 심해졌다." 36 라고 기록하고 있다. 무하마드의 두 번째 전략은 메디나의 사람들을 강제로 개종시키거나 개종하지 않는 사람들을 추방하는 것이었다. '사히 무슬림'의 '하디스'를 보면, 아부 후래라(Abu Huraira)가 다음과 같이 기록하고 있다. "우리는 알라의 전달자(무하마드)가 와서 말하는 동안 모스크에 앉아 있었습니다. 그가 '유대인들에게로 가자!' 고 말했고, 우리는 함께 나갔습니다……알라의 전달자가 그들에게 큰 소리로 외쳤습니다. "너희 유대인들아, 너희는 이슬람을 받아들여야만 안전할 것이다!!" 그들의 대답이 만족스럽지 않자 무하마드는 "너희는 이 세계가 알라와 그의 사도에게 속한 것을 알아야 한다. 그리고 나는 너희를 이 땅에서 쫓아낼 것이다."[37] 라고 했습니다." 다른 기록에는 무하마드가 "나는 유대인들과 기독교인들을 아라비아 반도에서 쫓아낼 것이다. 이 땅에는 무슬림 외에 다른 누구도 살지 못하게 할 것이다."[38] 라고 말했다는 내용이 남아있다. 메디나의 세 유대인 부족들은 무하마드와 그의 추종자들 때문에 극심한 고통을 당하게 되었다.

여기서 간단히 무하마드가 유대부족들에게 했던 행동들을 살펴보고자 한다. 무하마드는 유대인들이 자신에게 마술을 걸었다는 혐의로 여러 차례 그들을 고소하기 시작했다. 믿을만한 많은 전승들이 유대인들이 무하마드의 시력을 약하게 만드는 마술을 걸었다는 혐의를 받았다는 이야기를 기록하고 있다. 또한 무하마드의 가장 어린 아내 아이샤가 "알라의 사도는 그가 아내들과 정상적인 부부생활을 할 수 없는 것이 유대인의 마법에 걸렸기 때문이라고 생각했어요."[39] 라고 증언했다는 자료도 있다. 그리고 무하마드는 그에게 마법을 걸었다는 혐의로 같은 사람을 재차 고발한 사건도 있었다. 고발내용은 그 유대인이 무하마드에게 요술을 걸었는데, 그것으로 인해서 무하마드가 아내들과 부부관계를 할 수가 없게 되었다는 것이었다. 무슬림들은 "그 요술이 무하마드를 발기불능 상태로 만들었고, 그것이 1년 정도 지속되었다."[40] 고 믿고 있다.

그러니까, 무하마드는 자신이 어떠한 육체적인 질병을 갖게 되든지 간에 그에 대한 책임을 유대인들에게 물었던 것이다. 그런데 재미있는 건 만약 무하마드가 유대인들에게 혐의를 씌웠던 주술이 진짜 일어난 일이라면, 무하마드는 마법에 걸리거나, 악마적인 주술과 같은 사탄의 유혹에 아주 쉽게 걸려든 첫 번째 선지자가 된다는 점이다. 코란 2장 102절을 보면, "마법은 악마에게서 온 것이다"라고 나와있다. 그리고 코란의 또 다른 구절에는 사탄은 "믿으며 주께 의지하는 자에게는 아무런 영향력을 끼칠 수 없다"라고도 기록하고 있다. 그리고 "오직 알라께 다른 신을 나란히 놓는 자 위에만"[41]이라고 말한다. 그러므로 만약 사탄이 그의 친구나 '시르크(Shirk) 죄'를 저지른 사람에게만 능력을 가할 수 있고, 검은 마술이 악마의 능력이며 무하마드가 검은 마술의 희생자였다면, 그러한 마술의 영향을 받은 무하마드는 틀림없이 사탄의 친구라는 결론이 나온다.

더욱이 앞에서 말한 '사탄의 구절들'이라고 불리는 구절에서 무하마드는 알라의 세 딸들인 앗-라트, 알-웃자 그리고 마나트의 숭배를 인정함으로써 스스로가 '시르크(Shirk) 죄'를 저지르기도 했는데, 이 죄 또한 사탄의 친구만이 저지를 수 있는 죄다. 참고로 성경에 나오는 선지자들은 누구도 악마의 주술에 빠진 적이 없을 뿐 아니라, 사탄의 유혹에 넘어가 하나님이 인정하지 않는 것들에 대해 예언하거나 계시하지 않았다.

이 모든 일들을 통해, 한 가지 분명하게 알 수 있는 것은 무슬림들 사이에 유대인에 대한 증오가 팽배하게 퍼져있었다는 것이다. 무하마드가 코란을 통해 칭찬하던 유대인들을 향한 모든 구절들이 불현 듯 전부 반-유대적인 구절들로 바뀌었다. 이러한 증오의 몇 가지는 종교적인 이유 때문이었지만, 사실 대부분은 무하마드의 탐욕과 질투 때문이었다. 당시 메디나의 유대인들은 경제적으로 부유했고, 번창하고 있었다. 그리고 무슬림들보다 훨씬 막강했으며 무슬림으로 개종한 대부분의 베두인 메디나인들(Bedouin Medinese)은 유대인들 밑에서 일하고 있었다. 반면, 메카에서 이주해 온 무슬림들은 그들 생활의 대부분을 원정과 카라반 습격, 약탈에 의존하고 있었다. 이러한 유대인들의 부와 번영에 대한 질투심은 무하마드가 유대인들을 핍박하는 원인이 되었음이 틀림없다. 무슬림들은 유대인들을 공공의 적으로 간주했고, 음해했으며 부정하다고 여겼다.

메디나로 이주한 후, 무하마드는 53세의 나이가 되었다. 그리고 이 시기는 대부분의 남성들이 육체적, 정서적 기능이 전과 달라졌다, 약해진다고 느끼는 시기다. 이 시기에 무하마드에게 또 다른 새로운 변화가 나타나게 되는데, 바로 20년이 넘게 오직 한 여자의 남편으로 살아왔던 그가 무절제하게 다수의 여성들과의 관계에 빠지기 시작한 것이었다.[42] 무하마드는 "세상의 두 가지가 늘 나를 유혹하는데 그것은 바로 여자와 향수다. 그러나 나는 오직 기도만이 나에게 순전한 기쁨을 준다는 것을 발견했다."라고 말하곤 했다. 624

년 말 무하마드는 그의 세 번째 아내 하프사(Hafsa)를 얻었다. 그녀는 그의 가장 친한 친구 우마르 이븐 알-카탑(Umar ibn al-Khattab)의 딸이었는데, 우마르는 무하마드가 죽은 후, 두 번째 칼리프가 된 인물이다. 당시 하프사는 20살이었는데, 그녀의 남편은 무하마드와 결혼하기 7개월 전에 세상을 떠난 상태였다. 윌리암 무어(William Muir)는 "이 결혼으로 인해 무하마드는 새로운 결혼에 대한 열망과 나이가 들면서 나타나는 육체의 약해진 기능이 회복되는 것 같은 만족을 느꼈을 뿐 아니라, 그녀의 아버지 우마르와의 우정도 견고히 묶어둘 수 있었다."[43] 라고 말한다. 이제 아이샤의 아버지 아부 바카르와 하프사의 아버지 우마르는 무하마드의 친구이자 동시에 장인들이 되었다. 한편, 무하마드는 17살인 그녀의 막내 딸 파티마를 25살인 자신의 사촌 알리와 결혼시켰다.

제3장

케누카(Qainuqa) 부족의 추방

무하마드는 유대인들의 저항으로 인해 힘들고 실망스러운 나날을 보내며, 그들을 제거할 기회들을 찾기 시작했다. 그들을 제거하려 했던 가장 큰 이유는 아마 유대인들의 영향으로 인해 재판장이자 선지자로서의 자신의 권위를 잃게 될지도 모른다는 두려움 때문이었을 것이다. 그리고 케누카 부족이 메카 사람들과 무역을 하고 있었던 것도 공격의 이유였다.

무하마드는 그들이 메카에 있는 자신의 적들과 연합할 것을 두려워했다. 그러나 유대부족을 공격한 가장 큰 이유는 그들의 사업을 자신의 손에 쥐기 위해서였다. 당시 케누카 부족은 시장을 가지고 있었고, 금 세공업자들이었으며 무기도 만들고 있었다. 이븐 이스하크의 이야기에 의하면, 케누카 유대인들이 무하마드가 그들을 공격할 수 있는 어리석은 원인을 제공했다고 한다.

이야기는 이렇다. 한 무슬림 여자가 시장에 갔다. 그리고 시장에 있던 유대인 남자들 몇 명이 베일을 쓰고 있는 여자의 얼굴을 보려고 그녀를 괴롭히기 시작했다. 이에 화가 난 여자는 그들에게 악담을 퍼부었다. 그녀의 악담에 화가 났던 남자들 중 한 사람이 복수하기로 마음먹었고, 그 여자가 의자에 앉아 있을 때 그녀의 치마를 의자에 몰래 묶었다. 그 여자가 자리에서 일어나자 묶여있던 치마가 벗겨져 몸이 노출됐고, 그 때 근처에 앉아 있던 한 무슬림 남자가 그 장면을 보게 되었다. 그는 곧장 뛰어나가 유대인들 중 한 사람을 죽였고, 유대인들은 그에 대한 보복으로 그 무슬림을 살해했다.

이 이야기는 케누카 부족을 공격한 것에 대해 정당화하기 위에 나중에 꾸며진 이야기임이 분명하다. 왜냐하면 그 시기엔 메디나에 살고 있는 어떠한 여성도 베일을 쓰지 않았기 때문이다. 코란에서 여성들에게 베일을 쓰라고 명령한 구절은 케누카 부족을 추방하고, 3년이 지난 후에 계시된 구절이다. 그렇지만 솔직히 이 이야기가 허구인지 진실한 이야기인지는 크게 중요하지 않다. 왜냐하면 무하마드가 이미 메디나에 있는 유대인들의 운명을 결정지어두고 있었기 때문이다.

무하마드는 케누카 부족 전체를 습격하기 시작했고, 부족원들은 그들의 요새로 숨어 물과 저장품이 떨어질 때까지 15일 동안 포위당해 있었다. 결국 그들은 항복할 수밖에 없었다. 케누카 부족원들은 무하마드에게 몇 가지 협상 조건을 제시했다. 그러나 무하마드는 부족의 모든 남자들을 사형에 처하라고 명령했고, 그들의 아내와 딸들은 노예로 삼았으며, 재산은 이주해 온 무슬림들에게 배분하라고 지시했다. 그 때, 중립적인 입장으로 무슬림들과도 우호적인 관계에 있던 '아브둘라 이븐 우베이(Abdullah Ibn Ubay)' 라는 사람이 무하마드와 유대인들 사이에서 유대인들에 대한 선처를 호소했다. 그는 메디나 사람들 사이에서 덕망 있는 사람이었고, 무하마드에게 유대인들 중 누구도 죽여선 안 된다고 강하게 주장했다. 무하마드가 자신의 이야기를 받아들이지 않았을 때, 우베이는 무하마드의 옷깃을 꽉 붙잡고는 그가 그들을 풀어준다고 동의할 때까지 놓아주지 않았다. 짧은 고민 후 무하마드는 그들을 풀어주는 것에는 동의했으나, 메디나에서는 더 이상 그들이 살 수 있는 곳이 없으므로 모두 다른 곳으로 떠나야 한다고 우베이에게 말했다. 케누카 부족의 유대인들은 3일 안에 메디나를 떠나라는 명을 받았고, 그들이 가져갈 수 있는 것은 무엇이든 가져갈 수 있다는 허락을 얻어냈다. 그리고 그들은 시리아에 있는 아드리아트(Adhriat)로 떠났다. 땅과 집, 대추야자나무 숲 그리고 그들이 가지고 갈 수 없는 모든 것들이 고스란히 남겨졌고, 이것들은 모두 이주해 온 무슬림들에게 압수되었다.

제4장

우후드(Uhud)에서의 패배

무하마드는 계속해서 메카의 카라반들을 습격했다. 그리고 그들은 메카 사람들뿐 아니라 메디나의 동쪽과 남동쪽으로까지 그들의 습격을 확대했다. 카라반에 대한 정보가 하나라도 있으면, 그는 습격조를 보내 공격했고, 할 수 있는 한 무엇이든지 빼앗았다. 무하마드는 메카의 경제를 심각하게 손상하고 있었다. 625년 3월 아부 수피안(Abu Sufyan)은 잘 조직된 군대를 이끌고, 그들의 생계를 위협하고 있는 무하마드 무리를 끝장내기 위해 메디나를 향해 행군을 감행했다.

전투는 우후드(Uhud)에서 일어났기 때문에 "우후드 전투(The Battle of Uhud)"라고 불린다. 무하마드는 이 전투에서 패배했고, 머리를 강타당한 공격으로 인해 거의 목숨을 잃을 뻔 했으나 다행히 목숨은 건졌다.

이 전투에서 있었던 일 중에 기록할만한 깜짝 놀랄 장면이 있다. 아부 수피안의 아내 힌드(Hind)가 대략 15명의 여성들로 이루어진 무리를 이끌고 있었다. 그녀들은 노래를 부르고 구호를 외치며 전투에 참가한 남자들을 응원하고 있었는데, 사실 그녀들은 바다르(Badr) 전투에서 남편이나 아버지, 가족들을 잃은 여성들로 죽임 당한 가족들의 복수를 위해 전투에 참가하고 있던 것이었다. 힌드 그녀 자신도 바다르 전투에서 그녀의 아버지와 동생을 잃었고, 무엇보다 자신의 가족들을 죽인 무하마드의 친척 '함자 빈 압둘 무탈립(Hamza b. Abdul Mutalib)'의 죽음을 보길 간절히 원하고 있었다. 그녀는 함자의 간을 꺼내 씹어먹기 전에는 절대 편히 쉴 수 없다고 맹세했다. 그리고 전쟁에 투입된 노예 중 한 명이 함자를 죽이면 자유가 보장된다는 약속을 받고 그를 죽였을 때, 힌드는 모든 사람들이 보는 앞에서 칼로 함자의 가슴을 열고, 그의 간을 꺼내 그것의 일부를 씹어먹었다. 난도질 된 함자의 시신을 본 무하마드는 복수심에 불타 소리쳤다. "알리의 이름으로, 나는 50명의 쿠레이시인들을 난도질 해 죽일 것이다!"44

이 전투에서 약 75명의 무슬림들이 죽임을 당했는데, 그들 중 70명은 안사르(Ansars:돕는 자)들이었다. 이 손실은 메디나에서 무하마드의 위치를 약화시켰고, 무하마드는 그의 명성과 신뢰를 회복하기 위해 재빨리 행동해야만 했다. 이 손실을 승리로 바꾸기 위한 시도로 무하마드는 베두인 족을 설득하기 위해 사절단을 보내기 시작했다. 베두인 족의 족장 아미르(Amir)가 무하마드를 지지하기로 굳게 맹세했고, 자신의 부족들에게 새로운 신앙을 훈련시킬 사람 몇을 보내달라고 요청했다. 그때 메카인들과 동맹을 원했던 아미르의 조카가 이를 극심하게 반대하고 있었다. 베두인 족장의 조카는 40명의 신앙을 훈련시킬 사람들로 구성된 무하마드의 사절단이 메디나를 출발했다는 소식을 듣자 이웃 부족인 술레임(Sulaym) 부족을 찾아가 함께 매복해 있다가 무하마드의 사절단을 공격하자고 제안했다. 매복해 있던 사람들은 사절단 모두를 죽이려 했으나 운이 좋게 두 명이 살아남았다. 어떻게인지는 몰라도 공격자들 중 한 사람과 관계가 있었던 살아남은 자들 중 한 명은 다른 한 명을 죽게 내버려 두고 혼자 메디나로 돌아갔다. 그는 메디나로 돌아가는 길에 우연히 두 남자가 자고 있는 것을 보게 되었는데, 그들이 자신들을 공격한 사람들 중 일부라고 생각했다. 그리고 동료들의 복수를 위해 그 둘에게 달려들어 두 남자를 살해했다. 그리고 자신이 죽인 두 사람이 무하마드와 동맹을 맺은 아미르의 부족원이라는 것을 모른 채 안전하게 메디나로 돌아갔다. 아미르는 무하마드에게 죽은 두 부족원의 목숨에 대한 책임을 물었다. 당시 무하마드는 막 38명의 부하들을 잃은 직후임에도 불구하고, 아미르의 죽은 부족원에 대한 보상금을 지불해야만 했다.

제5장

알-나디르(Al-Nadir) 부족의 추방

아미르(Amir)의 부족에게 지불할 보상금을 모으기 위해, 무하마드는 자신을 저녁회의에 초대한 유대인 부족 알-나디르와 협상을 하게 됐다. 전해지는 이야기에 의하면, 유대인들이 저녁을 준비하고 있을 때 무하마드는 초자연적인 알라의 계시를 통해 유대인들이 무하마드를 죽이기 위해 그의 머리 위로 커다란 바위를 굴리려고 한다는 것을 알게 되었다고 한다. 계시를 받은 그는 조용히 그 방을 빠져 나왔는데, 그 안에 함께 있던 그의 동료 아부 바카르와 우마르에게도 알리지 않고 혼자서 빠져나왔다고 한다. 그러나 대부분의 무슬림 학자들은 이 이야기가 무하마드가 유대인들을 경계한 행동들을 정당화하기 위해 후에 조작된 것이라는 것에 동의한다. 왜냐하면 무하마드가 아무 말도 없이 그의 가장 최 측근인 두 사람을 죽음이 도사린 계곡에 두고 혼자서만 빠져나왔을 리가 없다고 믿기 때문이다. 그러나 만약 그가 자신에게 가장 중요한 두 사람을 위험 가운데 내버려 둔 채 혼자서만 도망친 것이 사실이라면, 이 사건은 우리에게 그가 얼마나 겉과 속이 다르고, 자기중심적인 지도자였는지를 알려준다.

아부 바카르와 우마르가 집으로 돌아와 그에게 왜 아무 말도 하지 않고 떠났냐고 묻자, 무하마드는 그들에게 유대인들이 자신을 죽이려는 계획을 알게 되어서 그랬다라고 말하며, 그들을 메디나에서 한꺼번에 쫓아버리길 원한다고 이야기했다. 그 후, 무하마드는 알-나디르 부족에게 전갈을 보내 "내 땅에서 떠나라. 나는 너희에게 10일의 기한을 주겠다. 누구든지 떠나지 않고 남아있는 자가 보이면 사형에 처할 것이다."45 라고 말했다.

알-나디르의 유대인들은 자신들이 할 수 있는 모든 방법을 심사숙고했다. 그 때 '이븐 우베이(Ibn Ubayy)' 가 그들에게 대항해 싸우자는 밀서를 보내 2,000명의 장정들로 이루어진 군대로 자신이 그들을 도와주겠다고 약속했다. 유대인들은 이 약속의 밀서를 받곤 무하마드에게 맞설 용기가 생겼으나, 불행히도 약속은 지켜지지 않았다. 15일 동안 알-나디르의 유대인들은 그들의 근거지에 숨어 지냈다. 무하마드는 외부로부터의 모든 물자를 막아버리고, 그들의 생계수단인 대추야자 숲을 자르고 불태워버렸다. 유대인들은 그들의 대추야자나무들이 초토화 된 것을 보고 울부짖으며 말했다. "무하마드여! 당신은 분명 금지된 잘못을 저질렀다. 어째서 대추야자들을 다 잘라버렸는가? 우리는 너희가 원하는 대로 너희 땅을 떠나겠다!"46

당시 대추야자농장을 파괴하는 것은 아라비아에서뿐만 아니라 모세의 율법에서도 금지되어 있던 것으로 야만적인 행위로 간주되는 것이었다. 그러나 무하마드는 코란에 허락되어 있다는 이유로 그들의 대추야자 나무 파괴를 정당화시켰다.(코란 59:5) 알-나디르의 유대인들은 오직 필수품들만 챙겨서 떠나야 했다. "그들은 케이바르의 유대인 오아시스로 떠났다. 그들은 낙타 600마리로 이루어진 긴 행렬의 카라반으로 파이프와 탬버린 연주를 하며 메디나의 중심지로부터 빠져나왔다."[47] 알-나디르 유대인들의 남겨진 모든 자산은 무하마드에게로 귀속됐고, 그는 이 중 일부를 메카에서 이주해 온 무슬림들에게 분배했다. '우후드 전투'에서의 패배는 그들의 예상치 못했던 소득으로 인해 잊혀졌다. 무하마드는 영리한 사람이었고, 이것이 그가 패배를 승리로, 손실을 이득으로 그리고 슬픔을 기쁨으로 바꾸는 방식이었다. 그는 아라비아에서 자신의 권력을 확고히 해 나갔다. 이제 메디나의 유대인 부족은 쿠레이자(Quraiza) 부족 하나만 남게 되었다.

제6장

두 번째 바다르 전투와
바누 무스딸리끄(Banu Mustaliq) 부족의 운명

이듬해 초, 아부 수피안과 무하마드가 바다르(Badr)에서 싸우기로 정한 시간이 다가왔다. 당시 바다르는 극심한 가뭄에 처해 있었고, 아부 수피안은 가뭄 속에서 전쟁을 치르는 것을 원치 않았다. 그것은 바다르에서 동료들을 잃어버린 생생하고 끔찍한 패배의 기억을 갖고 있는 무슬림들도 마찬가지였다. 그러나 무하마드의 두 소대장이었던 아부 바카르와 우마르는 무하마드에게 아부 수피안을 만나기로 한 약속을 지킬 것을 요청하며, 지키지 않으면 쿠레이시 족이 "우리를 겁쟁이라고 말할 것"[48] 이라고 보고했다. 무하마드는 이 말에 동의했고, 알-사피라(al-Safira)라 불리는 곳으로 행군할 것을 명령했다. 알-사피라는 베두인 족과의 만남의 장소로 종종 시장이 열리는 곳이었는데, 그때 마침 시장이 열리고 있었다. "무슬림들은 패배의 기억으로 그곳을 두려워하고 싫어했으나"[49] 누구도 무하마드에게 반대의견을 낼 수는 없었다.

무하마드는 아부 수피안이 바다르로 오기를 기다렸다. 아부 수피안은 무하마드를 만나러 가고 싶지 않았으나 "하루나 이틀 후면, 무하마드 부대에 건초가 부족해 질 것이고, 그러면 그들은 왔던 길을 되돌아 갈 것이다."⁵⁰ 라고 말하며 바다르로 향했다. 무슬림들에겐 다행스럽게도 약속된 전투는 일어나지 않았다. 덕분에 8일 후, 그들은 머리를 높이 치켜든 채 당당하게 메디나로 돌아갈 수 있었다. 아부 수피안은 신중한 지도자이자 "신중함이 용맹함보다 낫다"라는 것을 잘 알고 있는 사람이었다. 그는 이 전투가 그에게나 그의 부하들에게나 이득이 되지 않을 것이라는 것을 잘 알았기 때문에 오던 길을 다시 되돌아 갔다. 그러나 그는 되돌아 온 일에 대해 수치심을 느끼며 가만히 앉아있지만은 않았다. 그는 전략적인 계획을 짜기 시작했고, 동맹들에게 연락해 메디나를 본격적으로 공격하기 위한 출격을 도와달라고 요청했다. 한편, 무하마드도 조용히 물러서 있지만은 않았다. 그는 메카동맹의 힘을 약화시키고, 메디나가 공격 당할 수 있는 상황을 예방하기 위해 메카의 동맹들을 먼저 공격하는 원정대를 이끌었다. 무하마드가 이끄는 원정대는 메카 동맹 중 바누 가프탄(Banu Ghatafan) 공동체를 공격했고, 여자들을 포로로 데려갔다. 그리고 몇 달 지나지 않아, 바누 무스탈리크(Banu Mustaliq) 부족을 분산시키기 위해 원정대를 다시 이끌고 갔다. 바누 무스탈리크 부족은 홍해 해안가와 제다(Jeddah)와 라비그(Rabigh) 사이의 까디드(Qadid)에 살고 있었다. 바누 무스탈리크가 쿠레이시 족의 동맹이었기에, 그들이 쿠레이시 족의 알-하리스 빈 아비 다라르(al-Harith b. Abi Dirar)에게 소속되어 군대가 합류할 것이란 소식을 들은 무하마드는 그들의 세부 계획을 알아내기 위해 즉시 부레이다 빈 알-후새브 알-아슬라미(Burayda b. al-Husab al-Aslami)라는 스파이를 보냈고, 바누 무스탈리크 부족에게 잘못된 지시사항으로 혼선을 주라고 명령했다.

부레이다는 스파이 역할을 기가 막히게 수행했다. 그는 알-하리스 빈 아비 다라르가 자신을 그들의 일원으로 믿게끔 확신시켰다. 뿐만 아니라 알-하리스로부터 무하마드에게 대항하는 강하고 맹렬한 부대원들로 이루어진 부대를 받아 지휘하게 되었다. 알-하리스는 부레이다에게 서둘러 그의 부대원들을 전투지에 합류시키라고 명령했고, 부레이다는 무하마드에게 그 계획을 재빨리 알렸다. 정확한 정보를 갖게 된 무하마드의 군대는 바누 무스탈리크를 알-무레시(al-Muraysi)라 불리는 해안도시에서 급습했다. 무슬림들은 몇몇은 죽이고 도주하게 내버려두었으나, 아이들과 여자들은 전투의 전리품으로 모조리 잡아갔다. 무슬림들은 마을의 200가구를 강탈했고, 2,000마리의 낙타와 5,000마리의 양과 염소, 그리고 집안의 모든 값나가는 물건들을 빼앗았다. 여자와 아이들을 포함한 모든 전리품들은 평소와 같이 무슬림들에게 분배되었다. 그리고 무하마드는 여성들을 집단 강간하라고 지시를 내렸다. 포로로 잡힌 여성들의 몸값을 받길 원했던 몇몇 남자들은 그녀들의 임신을 우려했고, "우리는 여성들을 임신시키지 않겠다."[51] 라고 말했다. 그들이 모스크 가운데 서서 무하마드에게 "질 외 사정"을 해야 하는지 말아야 하는지에 대해 물었을 때, 무하마드는 그것에 대해서는 걱정할 필요가 없다고 대답했다. 그는 "너희들이 그렇게 하는지 안 하는지는 문제가 안 된다. 부활의 날까지 태어나기로 되어 있는 모든 영혼은 어찌되든 태어날 것이다."[52] 라고 말하며 남자들을 안심시켰다.

포로들 중에는 알-하리스의 딸 자웨리아 빈트 알-하리스(Juwayriyah bt. Al-Harith)도 있었다. 그녀에게 푹 빠져있었던 타비트 빈 케스(Thabit b. Qays)는 그녀에게 9온스의 금을 가져온다면 그녀를 풀어주겠다고 계약을 했다. 그러나 그녀에겐 금이 없었고, 재산도 이미 무슬림들에게 빼앗겼기 때문에 최후 방책으로 무하마드를 만나 도움을 간청하기로 결심했다. 아이샤의 기록에 의하면, 그녀는 굉장히 아름다운 여성으로 누구든지 그녀를 한 번 보기만 하면 그녀의 아름다움에 매료되어 버렸다고 한다. 무하마드의 가장 어린 아내였던 아이샤는 "알라께 맹세코, 나는 그녀를 보자마자 그녀가 선지자에게 가지 않길 원했다. 내가 그녀에게 느낀 것(아름다움)을 그도 동일하게 느낄 것이기 때문이다."[53] 라고 말했다. 그리고 그녀가 말한 일은 정확히 그대로 일어났다.

무하마드는 그녀에게 자신과 결혼해 준다면, 계약에 필요한 금을 지불하고 가족들과 친척들도 풀어주겠다고 제안했다. 그녀는 어쩔 수 없이 이 조건을 받아들였는데, 그로 인해 감옥에 갇힌 가족들이 풀려날 수 있기 때문이었다. 아이샤는 "나는 그녀만큼 가족들에게 축복이 된 여자를 본적이 없다."[54] 라고 말했다. 결국 그녀는 무하마드의 아내 중 한 명이 됨으로써 자신과 가족들의 몸값을 지불했다.

같은 해, 무하마드는 두 명의 아내를 더 얻었는데, 제이납 빈트 코제이마(Zeinab bint Khozeima)와 움메 살람마(Umm Selama)라는 두 명의 과부였다. 무하마드는 이때 꽤 많은 나이였는데, 여성을 향한 그의 욕망과 욕정은 나이와 함께 커지는 것 같아 보였다. 무하마드는 그의 여섯 번째 아내를 얻은 직후, 세 명의 아내를 더 얻었다. 당시 무하마드는 자이드라고 하는 아이를 입양하여 아들처럼 키웠다. 그리고 자이드가 나이가 찼을 때, 그는 자신의 사촌 중 한 명인 제납 빈 자쉬(Zaynab Bin Jahsh)와 결혼을 주선했는데, 그녀는 매우 아름답고 매력적이었다고 알려져 있다. 어느 날, 무하마드가 아들의 집을 방문했는데 아들이 집에 없었다. 대신 집에 있던 제납이 문을 열었는데, 급하게 문을 여느라 옷을 제대로 입지 못했던 그녀의 나체가 다 드러나 있었다. 그 때, 무하마드는 그녀의 아름다움에 홀딱 반하고 말았다. 그는 무의식 중에 감정을 나타냈고, "은혜로우신 알라여! 맙소사! 어떻게 이렇게 사람의 마음을 흔드십니까!"라고 넘쳐흐르는 흥분을 주체하지 못한 채 큰 소리로 외쳤다고 한다. 무하마드는 집으로 돌아갔고, 제납은 남편이 돌아오자 그의 아버지가 한 말을 그에게 알려줬다. 아버지의 욕망과 마음을 알았던 자이드는 곧장 무하마드에게로 가서 "알라의 사도여, 제납은 당신의 감탄으로 인해 흥분해 있습니다. 그러므로 저는 그녀와 이혼하겠습니다."[55] 라고 말했다. 무하마드는 대중의 비난이 두려웠기에 그러지 말라고 말리며 "너의 아내와 함께하고 알라를 두려워하라."고 말했다.

아랍사회에서 입양한 아들의 아내를 취하는 일은 굉장히 부도덕한 스캔들이자 근친상간으로 간주되었다. 사람들의 시선이 두려웠던 무하마드는 주저했으나, 그의 욕망은 그가 아내 아이샤에게 자신이 제납과 결혼하는 것을 하늘로부터 허락받았다고 말하면서 이루어졌다. 그는 아이샤에게 "누가 제납에게 가서 알라가 나와 그녀가 결혼해 함께하길 바라신다는 축복된 이야기를 전할 것인가?"[56] 라고 말했다. 아이샤는 무하마드가 자신의 욕망을 알라의 승인으로 포장한 새로운 계시에 대해 "진실로 당신의 신께서는 당신의 기도를 이루어주시는 데 조금도 지체하지 않으시는 것 같군요."[57] 라고 쏘아붙였다고 한다.

기분이 언짢았던 아이샤가 무하마드의 이야기를 직접 제납에게 전하러 가지는 않았던 것 같다. 알-부카리 전승에 의하면, 무하마드는 자이드에게 제납을 향한 무하마드의 청혼을 직접 전하라 시켰다고 한다. 또한 자이드가 "나는 제납의 집으로 갔고, 밀가루 반죽을 하고 있는 그녀를 발견했다. 나는 그녀가 곧 선지자의 아내가 될 것이란 것을 알았기 때문에 그녀에게 선지자가 그녀에게 청혼하길 원한다는 소식을 전하는 내내 그녀를 등지고 서 있었다."[58] 라고 말한 기록이 남아있다.

"무하마드는 제납과 결혼할 때, 결혼 피로연을 열지 않았다"[59]고 알려져 있다. 그러나 사람들이 곧 이 결혼에 대해 알게 되었고, 여기저기에서 온갖 소문과 수군거림이 퍼져나갔다. 사람들이 무하마드가 아들의 아내를 취했을 것이라고는 상상도 할 수 없었기 때문이다. 아들의 아내와 결혼한 무하마드의 근친 상간적인 행동에 대한 소문이 돌기 시작했을 때, 그는 사람들에게 이 결혼의 허락에 대한 아래와 같은 코란 구절을 인용했고, 자신은 누구의 아버지도 아니기 때문에 그가 제납을 그의 아내로 맞이하는 것은 합법적이라고 강조했다.

알라는 어떠한 어느 누구의 가슴속에 두 개의 심장을 주시지 않았다. '너는 내 어머니의 등같이 되라'라고 말하고 이혼한 아내들을, 알라는 너희들의 어머니로 하시지 않았다. 또, 너희들의 양자를 친아들로도 삼으시지 않았다. 그것은 너희들이 입으로만 말한 것에 불과하다. 그러나 알라는 진리를 말씀하시고, 대도로 인도하신다. 양자를 실부의 이름으로 부르라. 그것이 알라 앞에서는 보다 공평한 것. 만약 너희들이 그들이 실부의 이름을 모르거든, 신앙에 있어서의 너희들의 형제, 또는 비호자의 이름으로 부르자. 그렇게 함으로써 너희들이 혹 잘못을 저지른다 하더라도 죄가 되지 않느니라. 그러나 너희들이 고의로 한 짓이라면 이것은 문제다. 알라는 잘 용서해 주시는 분, 자애로운 분이시다. 무하마드는 너희들 중, 아무의 아버지도 아니며, 알라의 사도요, 최후의 예언자이다……" (코란 33:4-5, 40)

무하마드가 이 구절들을 사람들에게 죽 읊자, 모든 수군거림이 멈췄다. 이때까지 자이드는 '자이드 빈 무하마드(Zaid bin Muhammad: 무하마드의 아들 자이드)'라고 불렸는데, 이 이후에는 더 이상 자이드 빈 무하마드라고 불리지 않았고, 대신에 '자이드 빈 하리타(Zaid bin Haritha: 하리타의 아들 자이드)'라고 불렸다. 무하마드가 입양한 아들의 아내와 계속 함께 살았기 때문에 이후 이슬람 법률은 입양을 금지했다.

무하마드는 아내들에게 매우 소유욕이 강했으며, 질투가 많은 남자였다. '압둘라 빈 알-압바스(Abdullah b. al-Abbas)'에 한 남자가 무하마드의 아내들 중 한 명을 보러 갔던 일에 대한 이야기가 기록되어 있는데, 기록에 따르면 무하마드가 그에게 다시는 찾아오지 말라고 명령했다고 한다. 이에 대해 남자는 '자신은 그녀와 사촌 간이고, 둘은 어떠한 잘못된 목적도 가지고 있지 않다'고 항변했다. 무하마드는 "나도 그것을 잘 알고 있다. 그러나 알라와 알라의 사도만큼 질투심이 많은 사람은 없을 것이다."라고 대답했다고 한다. '알리 다스티(Al Dashti)'는 "이 일을 분하게 여긴 그 남자는 걸어 나가면서 '무하마드가 나를 나의 사촌과 말 한마디도 못하게 하다니! 나는 그가 죽고 나면 그녀와 결혼하고 말겠다!' 라고 중얼거렸다고 한다. 그리고 그 중얼거림으로 인해 코란 33장 53절이 계시되었다."[60] 라고 기록한다.

코란 33장 53절은 무하마드의 아내들은 그가 죽은 후에도 결혼할 수 없다는 내용인데, 무하마드의 아내들은 "모든 무슬림들의 어머니(The Mothers of the Faithful)"이기 때문에 그들과 결혼하는 것을 생각하는 사람은 누구든지 죄를 짓는 것이라고 명시하고 있다. 무하마드의 아내들은 무하마드가 그들의 아름다움을 보고 반해 직접 고른 여자들이었기 때문에, 그는 다른 누구도 그녀들의 외모에 매료되지 않기를 원했다. 이에 대해 무하마드의 장인이었던 우마르가 "알라의 사도여, 양심적인 사람들이든 악한 마음이 있는 사람들이든 누구든지 당신의 아내들을 만나러 갈 때는 그녀들이 자신들을 가리도록 하는 것이 어떻겠습니까?"라고 제안했다. 무하마드는 이를 좋게 여겼고, 다음날 알라가 그의 아내들이 베일로 자신들을 가릴 것을 지시하는 계시를 내렸다고 발표했다.

> 오오 믿는 자여, 허가 없이 예언자의 집에 요리가 다 된 것을 기다리지 않고 먹으러 가서는 안 된다. 그러나 초대받았다면 들어가도 상관없다. 먹고 나면 해산해야 한다. 환담하며 오래 머물러서는 안 된다. 그것은 예언자를 괴롭히는 일이다. 예언자는 너희들에게 부끄러워하지만, 알라께서는 진실을 이야기하는 것을 부끄러이 여기시지 않는다. 만약 너희가 예언자의 아내들에게 부탁할 것이 있으면 커튼 뒤에서 하라. 너희들은 알라의 사도를 괴롭혀서는 안 된다. 그를 이어서 그의 아내와 결혼해서도 안 된다. 그것이야말로 알라 앞에서는 중한 죄인 것이다. (코란 33:53)

흥미로운 것은 무하마드가 자신의 입양한 아들의 아내와 결혼하기를 원했을 때, "자신은 어떠한 남자의 아버지도 아니다"라는 계시를 받았다는 것이다. 그런데 한 남자가 무하마드가 죽고 나면, 자신의 아내와 결혼하겠다는 관심을 보이자 코란은 그녀들이 "모든 무슬림의 어머니들"이기 때문에 누구도 그녀들과 결혼할 수 없다고 계시했다는 것이다. 이 이후로, 무하마드는 그의 아내들에게 베일로 모습을 가릴 것을 명령했다.

제7장

포위당한 메디나

무하마드에게 피해를 당한 바누 알-나디르, 바누 가프탄, 바누 무스탈리크와 그 외 다른 부족들은 자신들의 부와 위신, 명예를 되찾기를 갈망하고 있었다. 그들은 메카의 쿠레이시 부족에게 찾아가 충성을 맹세하며 무하마드에 맞서 싸워 줄 것을 호소했다. 그리고 쿠레이시 부족은 그들의 부를 위협하고 명예를 훼손시킨 무하마드와 그의 추종자들을 파괴하기로 단단히 결심했다. 쿠레이시 부족은 아부 수피안의 지시 하에 군대를 결집시켰고, 가프탄 부족은 '에이나 빈 히산 빈 후데이파 빈 바다르(Uyayana b. Hisn b. Hudhayfah b. Badr)'의 지휘 하에 군대를 집결시켰다. 이 두 부족 외에 다른 부족들도 함께 모였다. 627년 3월, 메카인들은 10,000명의 장정으로 이루어진 군대를 집결시켰다.

그때 메디나에 있던 '살만(Salman)'이라는 페르시아인이 훌륭한 묘책을 생각해냈다. "알라의 사도여, 페르시아에 있을 때 우리는 늘 기병을 두려워했습니다. 그래서 우리 성곽 주변에 기병들이 넘어 올 수 없도록 도랑을 팠습니다."[61] 라고 말하며 메디나 성곽에도 동일하게 할 것을 제안했다. 모두가 그 생각에 찬성했고, 도시를 둘러 도랑을 파기로 했다. 쫓겨난 알-나디르의 유대인들이 쿠레이시 족을 지지하고 있는 동안, 메디나에 남은 유일한 유대인 부족인 쿠레이자의 유대인들은 방어를 위한 도랑을 파기 위한 삽, 곡괭이, 바구니 등과 같은 물자를 공급하며 무하마드를 지지했다. 그러나 무하마드는 자신이 이미 바누 케누카 부족과 바누 알-나디르 부족을 메디나에서 쫓아낸 후였기 때문에 마지막 유대인 부족인 바누 쿠레이자 부족이 쿠레이시 족과 연합하여 그에게 대항하거나 내부에서 무슬림들을 공격할지도 모른다고 두려워하고 있었다. 하지만 쿠레이자의 유대인들은 정말로 무하마드를 공격할 생각이 전혀 없는 상태였다. 심지어 알-나디르 부족의 족장이자 무하마드가 쫓아낸 후웨이 빈 아크탑(Huayy b. Akhtab)이 쿠레이자의 지도자인 캅 빈 아사드(Ka' b b. Asad)에게 무하마드에 대항해 함께 싸우자고 설득했음에도 불구하고, 그들은 딱 잘라서 거절했다. 후웨이(Huayy)가 쿠레이자 부족과 무하마드 사이의 조약을 찢어버리는 속임수를 썼음에도 불구하고, 캅은 그것을 유감스럽게 여길 뿐 무하마드에 어떠한 대항도 하지 않았다.

 메디나는 곧 메카인들의 포위공격을 받았으나, 페르시아인 살만의 기발한 도랑 아이디어 덕분에 쿠레이시 족은 도시로 들어갈 수가 없었다. 그러나 당시 상황을 알-따바리는 "알라의 사도와 동료들은 계속해서 두려움과 고통가운데 있었다. 왜냐하면 그의 적들이 맹약을 맺어 그들을 사방에서 에워싸 다가오고 있었기 때문이었다."[62] 라고 전한다. 20일 동안 양 진영은 그들의 자리에서 대치했다. 그리고 이대로는 견디기 어렵다고 생각한 무하마드와 그의 부하들은 쿠레이시의 힘을 분산시킬 계획을 고안해 냈다. 무하마드는 쿠레이시 족과 동맹하여 무하마드와 싸우러 집결해 있는 부대 중 많은 수를 차지하고 있던 갚탄(Ghaftan) 부족의 지도자들을 은밀히 불러냈다. 갚탄 부족의 지도자들인 에이나빈 히산(Uyayana b. Hisn)과 알-하리스 비 엎(al-Harith b. 'Awf)에게 "메디나의 대추야자 열매의 3분의 1을 너희에게 줄 테니, 너의 군대들을 철수하고 베두인 족들의 의욕도 잃게 만들 수 있는가?"[63] 라고 제안했다. 갚탄 부족의 지도자들은 무하마드의 제안에 동의했고, 그들과 무하마드 사이에 조약서가 작성되었다. 그러나 무하마드의 동료들이 이 조약에 대해 알고는 항의하기 시작했다. 그들은 "알라의 이름으로, 우리는 오직 칼로써만 그들을 대할 것입니다!"[64] 라고 말했다. 무하마드는 동료들의 결의와 용맹함으로 인해 다시 한 번 사기를 되찾았고, "조약을 찢어버려라!"라고 명령했다.[65] 그래서 무하마드의 동료 중 한 사람인 사드가 "그것에 침을 뱉고 찢어" 버렸다.[66] 갚탄 부족도 자신들이 어리석은 행동을 했다고 말하며 캠프로 돌아갔다.

한편 쿠레이시 부족은 메디나 안의 유일한 유대인 부족 바누 쿠레이자의 도움을 절실히 바라고 있었다. 그러나 그들이 협조하지 않을 것이 명백해지자 아부 수피안이 일어서서 말했다. "만약 바누 쿠레이자 부족이 우리와 합류했다면 무하마드와 그의 군대는 쉽게 사라져버릴 수 있었을 것이다. 그러나 그들은 그러지 않기를 선택했다. 그들은 우리와 맺은 언약을 깼으며, 무하마드에 대항하기 싫다는 의사를 전해왔다. 식량과 물은 점차 줄어들고 있고, 바람은 계속해서 거세지고 있구나. 우리가 머물고 있는 이곳은 곧 풀 한 포기 남지 않게 될 것이다. 쿠레이시 사람들아, 신의 뜻에 따라 우리는 여기서 더 이상 머물 수 없다. 말들과 낙타들이 끔찍한 고통을 당하고 있다. 바람 때문에 음식을 할 솥을 걸어놓을 수도 없고, 불길은 계속 꺼지고 있다. 우리를 보호해 줄 텐트도 다 날아가버려 남아있질 않다. 그러니 여기서 그만 철수하자. 돌아가자!"[67] 아부 수피안의 군대는 후퇴하는 것에 모두 동의했다. 그리고 쿠레이시 족이 돌아갔다는 소식을 들은 갚탄 부족 또한 조금도 지체하지 않고 자신들의 도시로 돌아갔다. 이 포위공격 동안에는 별다른 사상자가 나오지 않았으며, 메디나인 6명과 메카인 3명이 사망했다.

제8장

대학살을 당한 바누 쿠레이자(Qurayza)부족

메카 사람들이 떠나고, 그들이 다시 돌아오지 않을 것이라는 확신을 갖게 되자마자 무하마드는 도랑을 팔 때 사용한 물자들을 공급했던 쿠레이자 부족을 소환해 그들에게 메카인들과 협력했다는 혐의를 씌워 고발했다. 바로 그날 쿠레이자 부족은 무슬림들의 공격을 받았고, 그들의 요새가 포위 당했다. 공격은 25일 동안 지속되었고, 굶주림이 가속화되자 쿠레이자 부족은 항복하지 않을 수 없는 상황이 되었다. 그들은 무하마드에게 연락을 취해 "무하마드여, 바누 알-나디르 (유대) 부족이 받아들인 것을 우리도 받아들이겠다. 우리의 재산과 무기들을 너희에게 줄 테니 그 대가로 목숨은 살려달라. 무기는 남겨두고, 낙타가 싣고 갈 수 있는 것들만 실어 여자들과 아이들을 데리고 떠나겠다."[68] 라고 이야기했다. 무하마드가 그 제안을 거절하자 그들은 다시 "우리는 낙타에도 아무것도 실어 가지 않겠다. 우리의 목숨과 우리의 여자들과 아이들만 나갈 수 있도록 해 달라."[69] 고 제안했다. 그러나 무하마드는 이것마저도 거절했으며, 그들에게 무조건적으로 자신의 명령에 복종할 것을 요구했다.

한 때 쿠레이자의 동맹 무슬림들 중 한 명이었던 아부 루밥은 유

대인들에게 무조건 복종하라고 내려진 무하마드의 명령이 "대학살"을 의미하는 것이었다고 말했다.[70]

유대인들은 그들이 선택할 수 있는 대안을 논의했다. 먼저, 이슬람으로 개종하는 방법이었다. 그러나 이븐 이스하크와 알-와키디의 기록에 의하면 유대인들은 "우리는 절대 토라의 율법을 버릴 수 없다. 결코 그것을 다른 것으로 바꾸지 않을 것이다."라고 말했다고 한다. 두 번째 방법은 남자들은 죽임을 당하고, 여자와 아이들은 노예가 되는 것이었다. 그리고 그들은 둘 중에 후자를 선택하기로 결심했다. 미국의 조지 워싱턴 대학에서 이슬람을 연구하고 있는 교수인 사이드 나시르(Sayyed Nasr) 박사는 "⋯⋯ 아라비아의 지하드(Jihad)는 유대인들과 기독교인들을 이슬람으로 강제적으로 개종시키기 위하여 폭력을 행사하지 않았다."[71] 라고 기록한다. 그러나 이것은 노골적인 사기다!

앞에서도 인용한 바와 같이, 이븐 이스하크는 무하마드가 아래와 같이 말한 것을 기록하고 있다. "유대인들아, 알라께서 쿠레이시 부족을 덮친 것처럼 너희에게도 분노를 내리실 것을 두려워해라. 이슬람을 받아들이고, 내가 알라가 보낸 선지자라는 걸 알아라! 너희는 너희 성경에서 이에 대한 알라의 언약을 찾게 될 것이다." 이 말에서 알 수 있듯이 무하마드가 유대인들에게 선지자로 인정받기를 원했다는 것은 의심할 여지가 없다. 그러나 그의 그러한 바램이 거부되자 그는 유대인들이 강제로 자신을 선지자로 받아들이게 했고, 이슬람으로 개종할 것을 강요했다.

무하마드는 쿠레이자 부족의 모든 남자들은 교수형에 처하고, 여자들과 아이들은 죄수로 잡아갔다. 이에 대해 이븐 이스하크는 다음과 같이 기록한다: "알라의 사도는 메디나의 시장으로 갔고, 그곳에 도랑을 팠다. (이 시장은 지금도 시장으로 남아 있는 곳이다.) 그리고 나서 그는 유대인들을 거기로 보내 일괄적으로 목을 베고, 도랑 안으로 던져 넣었다…… 모두 합쳐 600 또는 700명의 목이 베어졌고, 어떤 기록에 의하면 총 800~900명 가까이 되었다고 한다."[72]

이 모든 대 학살의 증인인 아이샤는 "유대인 남자들 중 사춘기가 지났는지 아닌지 의심이 되는 사람이 있으면, 그들은 그의 속옷을 검사했다. 만약 체모를 가지고 있다면, 어른으로 판단해 죽였고 그렇지 않다면 감옥으로 잡아갔다."[73] 라고 이야기했다. 참수형은 온종일 계속 되었고, 무슬림들은 해가 저물었을 때까지도 횃불을 밝힌 채 한 명 한 명씩 계속해서 목을 벴다.

다음날 아침 쿠레이자 부족의 여자들이 간 밤에 일어난 일을 알게 되었을 때, "그들은 소리지르며 옷을 찢고, 머리를 쥐어뜯으며 죽은 남자들을 위해 자신들의 뺨을 쳤다"라고 전해지고 있다.[74] 부나나(Bunanah)라는 여성은 맷돌을 던져 무슬림을 죽이려 했다는 이유로 참수형에 처해졌다. 전리품들을 그의 부대원들에게 나눠준 후, 무하마드는 여자와 아이들의 일부를 우스만 빈 아판(Uthman b. Affan)에게 팔았고, 다른 여자와 아이들은 나지드(Najd)와 시리아(Syria)의 노예

시장으로 팔았다. 그리고 여자와 아이들을 판 돈은 무기와 말을 구입하는데 썼다. 무하마드는 무슬림들에게 "만약 적을 만난다면 모든 힘을 동원하여 따르는 자들이 두려움에 떨도록 만들라. 그렇게 하면 그들은 너희의 경고를 받아들일 것이다. 예를 들어, 너희를 따르는 자들 중에서 가혹한 본보기를 만들어라. 그러면 그들은 너희의 말귀를 알아듣게 될 것이다."[75] 라고 가르쳤다. 모든 원정을 통틀어, 이렇게 엄청난 학살은 일어난 적이 없었기 때문에 이 일은 메디나 주변과 아라비아 전체에 공포와 충격의 물결을 일으켰다. 무하마드는 이러한 경고를 보냄으로써 그와 대립하는 모든 부족들을 공포로 떨게 만드는 전략을 썼던 것이다. 무하마드가 쿠레이자 부족에게 행한 일은 틀림없이 사람들이 할 말을 잃게 만들었을 것이고, 그는 늘 그렇듯 이에 대해 코란 구절을 계시 받아 사람들에게 알렸다.[76] 그리고 이것은 모든 대량학살이 어떻게 알라에게 허락받았고, 어떻게 정당화되는지를 여실히 보여준다.

당시 리하나(Rihana)라는 한 유대인 여성이 다른 수백 명의 여성들과 함께 포로로 잡혀 노예가 되었다. 무슬림들이 여자들을 나눠가질 때, 무하마드도 자신을 위해 리하나를 데려갔다. 이븐 이스하크에 따르면, 무하마드는 그녀에게 이슬람을 받아들이고 결혼해달라고 청혼했다고 한다. 그러나 그녀는 그의 청혼을 거절했고, 계속해서 노예로 살기로 결정했다. 이븐 이스하크는 그녀가 후에 이슬람으로 개종했다고 믿었지만, 실제로 그녀는 이슬람으로 개종하지 않고 노예 신분으로 살다 세상을 떠났다. 무하마드의 가르침에 따르면, 무슬림은 다른 무슬림의 노예가 될 수 없었다. 그러나 말했다시피 그녀는 계속해서 노예로 남아 있었기 때문에 결과적으로 끝내 이슬람으로 개종하지 않았을 것으로 추정된다. 그녀는 자신의 남편을 살해한 남자와 결혼하지 않기로 결정했고, 이러한 거절은 매우 분명하고 자연스러운 반응이었다.

제9장

메카와 메디나의 평화조약

바누 쿠레이자 유대인 부족의 대학살 이후, 무하마드는 명실상부한 아라비아의 주인이 되었다. 심지어 메카 사람들도 이제는 그것을 인정하게 되었다. 두려움에 떨게 된 많은 이웃 부족들이 무하마드와 동맹을 맺었고, 몇몇 부족은 이슬람으로 개종했으며 그 외 다른 여러 부족들은 조세를 바쳤다. 무슬림들의 생계 대부분이 여전히 원정을 통해 유지되고 있었기 때문에, 무하마드는 아직 예속되지 않은 부족들에게는 계속해서 원정대를 보냈다.

628년, 무하마드는 작은 성지순례인 움라(Umra)를 카바에서 행하는 꿈을 꾸었고, 꿈속에서 자신이 일종의 성지인 "place of the halting at al-Arafat"에 서 있는 것을 보았다. 다음 날 아침, 그는 그의 동료들을 불러 꿈에 대해 이야기했다. 그리고 그들에게 움라를 수행하기 위한 준비를 하라고 말했다. 그리고 "사막에 거주하는 아랍인들과 베두인 족을 불러 함께 동행하며 그들에게 자신을 돕게 하라"고 말했다. 왜냐하면 쿠레이시 족이 그에게 대항하거나 자신을 (거룩한) 성소에서 쫓아낼지도 모른다는 생각이 들어 두려웠기 때문이다.[77]

무하마드와 약 1,500명의 무슬림들은 무장하지 않고, 재물로 바칠 낙타들과 함께 '성소(Holy House)'라 부르는 메카의 카바로 성지순례를 하기 위해 출발했다. 곧 메카의 쿠레이시 부족이 무하마드의 계획을 알게 되었고, 무슬림들이 도시에 들어오는 것을 막을 준비를 했다. 무하마드는 우마르 빈 알-카탑(Umar ibn al-Khattab)을 불러 쿠레이시의 지도자들에게 보냈다. 우마르는 '무하마드와 무슬림들은 전쟁을 하기 위해 오는 것이 아니라 오직 카바 신전을 방문하기 위해 오는 것임'을 알리기 위해 특별히 쿠레이시 족 지도자 아부 수피안과 만나 얘기하길 원했다. 우마르는 아부 수피안을 만났고, 그에게 무하마드와 무슬림들의 의도를 전했다. 그러자 아부 수피안은 우마르에게 '(우마르) 네가 카바를 돌며 걷길 원한다면 그렇게 해도 좋다'고 대답했으나, 우마르는 '무하마드가 먼저 성지순례를 행하기 전까지는 하지 않을 것'이라고 답했다. 이 이야기를 들은 쿠레이시 부족 사람들이 우마르를 옥에 가뒀다. 그런데 무슬림들 사이에 쿠레이시 족이 우마르를 죽였다는 잘못된 소문이 퍼져나갔고, 이 소문을 들은 무하마드는 매우 당황스러워하며 괴로워했다. 화가 난 무하마드는 자신을 따르는 모든 사람들을 모아놓고 그들에게 강력한 맹세를 요구했다. 그는 "적을 다 물리칠 때까지 결코 물러나지 않을 것이다"[78] 라고 외쳤고, 모인 사람들은 자신들의 충성을 맹세하며 절대 무하마드를 배반하지 않을 것이며, 쿠레이시 족과 죽기까지 싸울 것을 다짐했다.

쿠레이시 부족은 무하마드와 무슬림들의 각오를 알게 되자 급하게 내부회의를 소집했고, "화해하는 것보다 좋은 방법은 없다."[79] 라고 결론을 내렸다. 결론을 내린 쿠레이시 족은 수해일 빈 아마르 (Suhayl b. 'Amr)를 불러 "메카의 평화를 위해 무하마드에게 가서 화해하자고 청하라. 무하마드가 올해는 성지순례를 행하지 않고 이곳을 떠나면, 우리는 평화롭게 일을 마무리 지을 것이라고 전해라. 신께 맹세코, 그가 무력으로 우리 영역에 들어오지 않도록 막아 철수하도록 하라."라고 지시했다.[80] 수해일은 무하마드를 만났고, 다행이 양측 모두가 합의한 가운데 평화협정이 맺어졌다. 무하마드는 금년에는 메카에 들어가지 않을 것이라고 동의했으나, 내년 같은 시기에 성지순례를 하기 위해 다시 메카에 오겠다고 말했다. 그러나 무하마드를 제외한 우마르와 다른 무슬림들은 이 평화협정을 무하마드와 그에게 충성을 맹약한 자신들에 대한 모욕으로 받아들였다. 무하마드와 함께 행군에 나섰을 때, 그들은 무하마드가 제시한 비전이 이루어질 것이라는 확신을 얻었고, 자신들이 메카를 지배하게 될 것이라는 것을 조금도 의심하지 않았다. 그러나 무하마드가 평화조약을 맺고 다시 메디나로 되돌아가게 되자 커다란 굴욕감을 느꼈으며 극도로 화가 났다. 그럼에도 불구하고 무하마드는 알리에게 양 측이 논의하고 동의한 내용에 대한 조약서를 작성하도록 지시했다. 그러나 무하마드가 작성한 조약서 안에는 실제로는 동의하지 않는다는 내용을 내포하는 용어들이 포함되어 있었다. 무하마드는 알리에게 다음과 같이 작성하라고 지시했다. "알라의 이름으로, 이것은 알라의 사도가 동의한 것이다." 그러나 수해일이 가로막았다. "내가 만약 너를 신의 사도라고 인정한다면, 나는 너와 싸우지 않을 것이다. 너는 너의 본명과 네 아버지의 이름을 명확히 적으라."81 무하마드의 동료들은 이 말을 듣고 다시 한 번 분노에 휩싸였다. 그러나 무하마드는 그들은 진정시키려고 노력하며 동시에 알리에게 수해일이 원하는 방법대로 서류를 다시 작성하라고 지시했다. 알리는 다음과 같이 썼다.

"이것은 무하마드 빈 압둘라가 수해일 빈 아마르와 협약한 내용이다. 두 사람은 앞으로 10년 동안 전쟁을 하지 않을 것이며, 사람들의 안전을 보장하고, 안전을 위협하는 행위를 금지할 것에 동의한다. 만약 누구든지 경비병들의 허락을 받지 않고 무하마드에게 온다면 그는 죽임을 당할 것이며, 또한 무하마드와 함께인 사람들이 누구라도 허락 없이 쿠레이시 족에게 온다면 그 사람도 살아서 돌아갈 수 없을 것이다……"82

그들이 마지막으로 평화동의서에 서명하자, 무하마드는 무슬림 대표단과 쿠레이시 부족 대표들을 불러 화해의 증인으로 삼았다. 이 조약은 '후대비야의 휴전조약(Truce of Hudaibiya)'으로 알려져 있다. 쿠레이시 부족은 무하마드가 메카로 들어오는 것을 허락하지 않았을 뿐 아니라 이 해에는 무하마드가 움라(Umra:비의무적 메카순례)를 행하지 못하도록 했다.

무하마드와 함께 한 무슬림들은 이 결과를 매우 불만스럽게 여겼다. 그들은 크게 실망했고, 메카에 들어가지 못하는 것에 대해 불평했다. 당시 많은 무슬림들이 메카인들에게 굴욕을 당한 것이라고 생각했지만, 무하마드는 그것을 승리의 징표로 보았다. 그는 이 일이

후엔 자신들에게 이득이 될 것이라는 것을 간파하고 있었다. 무하마드는 지금껏 한 번도 메카의 군대를 이긴 적이 없었고, 그들이 앞으로도 자신들을 파멸시킬 수 있는 잠재력을 가지고 있음을 잘 알고 있기 때문이었다. 메카 사람들에게도 이 휴전협정은 무하마드가 자신들의 카라반을 습격하거나, 농락하지 않는다는 의미를 지니고 있었기에 결과적으로 둘 모두에게 이득이 되는 결과였다.

무하마드와 일행은 성지순례를 위해 자신들이 카바에서 제물로 바칠 동물들을 가지고 온 상태였다. 하여 그는, "일어나, 희생제물을 바치자! 털을 깎아라!" 라고 명령했는데, 알-와키디의 설명에 따르면 "남자들 중 누구도 그의 명령에 응답하지 않았다. 알라의 사도가 돌아서서 명령을 3번이나 되풀이했으나, 그들 중 누구도 이에 복종하지 않았다."[83] 무하마드는 굉장히 화가나 모든 상황을 내버려둔 채 그의 아내 움메 살라마의 천막으로 들어갔다. 그리고 그녀에게 어떻게 모두가 그의 명령을 거부할 수 있냐고 푸념했다. 그녀는 그에게 "나가서서 제물로 바칠 당신의 낙타의 털을 직접 깎으시고, 도축하세요. 그리고 다 할 때까지 다른 사람들에게 아무 말씀도 하지 마세요. 용기를 내 당신도 면도기를 들어 면도를 하세요."[84] 라고 조언했다. 무하마드는 그녀의 조언대로 행했고, 무하마드가 짐승들을 도축하는 모습을 보자 다른 사람들도 모두 일어나 그가 한 것을 그대로 따라 행했다.

무하마드와 그의 동료들이 메디나로 돌아갔을 때, 메카의 도망자들 중 한 사람인 '아부 바시르 우트바 빈 아시드 빈 자리야(Abu Basir

'Utba b. Asid b. Jariya)'가 무하마드를 찾아왔다. 이 소식을 들은 쿠레이시 부족은 아부 바시르를 데려오기 위해 편지와 함께 두 남자를 무하마드에게 보냈다. 편지를 읽은 무하마드는, 아부 바시르에게 말했다. "너는 우리가 너를 이 사람들에게 넘길 것이란 걸 알 것이다. 우리 종교는 약속을 지키는 것을 중요하게 생각한다. 알라께서 너와 너와 함께 있는 억압받는 동료들에게 자유를 줄 것이며, 탈출구를 마련해 줄 것이다."[85] 그렇게 말하고는 아부 바시르를 쿠레이시 부족 남자들에게 넘겨주라고 명령했다. 아부 바시르는 무하마드의 명령에 따라 쿠레이시 부족에서 온 남자들과 떠났으나, 가는 길에 두 사람 중 한 사람의 칼을 빼앗아 다른 한 명을 살해했다. 칼을 빼앗긴 사람이 도망쳐 이 사실을 무하마드에게 보고했다. 아부 바시르가 무하마드에게 다시 되돌아 왔을 때, 무하마드는 화를 내며 "너의 어머니가 원통해 할 것이다. 너는 너와 함께 있는 이들에게 전쟁을 불 붙이는구나!"[86] 라며 그를 쫓아냈다고 전한다. 아부 바시르는 무하마드를 떠나 알-이스(Al-IS)라는 둘-마르와(Dhu'l-Marwa)의 해안가에 숨었다. 약 70명 정도 되는 메카에서 빠져나온 도망자들이 알-이스에 있는 아부 바시르에게 합류했고, 그들은 쿠레이시 부족을 계속해서 공격했다. 그들은 발견하는 모든 쿠레이시 부족 사람들을 살해했고, 근처를 지나는 모든 카라반들을 난도질했다.[87]

수해일(Suhayl)은 도망자 아부 바시르가 그의 파수꾼들을 죽였다는 소식을 들었다. 그는 '무하마드에게 죽은 자들에 대한 보상금을 받기 전까지는 편히 쉴 수 없다'라고 맹세했으나, 아부 수피안이 무하마드에게 그런 요구를 하는 것은 잘못된 것이라며 그를 비난했다. 비록 이 경우는 무하마드 스스로가 평화조약을 어겼다는 확실한 증거가 없지만, 앞으로 말할 이야기에서는 무하마드가 조약을 어긴 것을 명백하게 확인할 수 있을 것이다.

쿠레이시 부족의 움메 쿨툼(Umm Kulthum)이란 여성이 그녀의 형제들의 허락을 받지 않고 무하마드를 찾아갔다. 그녀의 형제들은 무하마드에게 찾아가 평화조약에 따라 그녀를 돌려달라고 요청했으나, 무하마드는 그녀를 되돌려 보내지 않겠다며 거절했다. 그리고 무하마드는 이 일을 정당화하기 위해 코란 60장 10절을 새로 계시받았다며, "알라는 믿음이 없는 보호자들의 허락을 받지 않고 무슬림이 된 여성들이 있다면 그녀들(무슬림 여성들)을 돌려보내는 것을 금지한다"고 말했다. 무하마드는 여자를 되돌려 보내지 않았고, 그녀의 형제들을 빈손으로 돌려보냈다.[88]

무하마드는 분명히 그가 한 말들을 지키지 않는 사람이었다. 알-부카리는 무하마드가 "알라의 뜻에 따라, 만약 내(무하마드)가 무언가를 하기로 맹세했더라도 후에 다른 더 나은 것이 있다는 것을 알게 된다면 나는 더 나은 것을 행할 것이다. 그리고 이전에 했던 맹세는 없던 것이 될 것이다."[89]라고 말한 것을 기록하고 있다. 무하마드는 상황과 기회에 따라 자유자재로 바꿀 수 있는 자신만의 원칙에 따라 행동했다. 앞서 메디나가 포위되었을 때, 무하마드가 갚탄 부족과 협의했던 조약을 찢어버렸던 것과 같이, 지금은 쿠레이시 족과 맺었던 평화조약을 파기한 것이다.

제10장

케이바르(Khaybar)를 습격하다

메디나로 돌아온 지 약 6주 정도 지났을 무렵, 무하마드는 자신을 받아들이지 않았을 뿐 아니라 알-나디르 부족에게 피난처를 제공했던 케이바르(Khaybar)에 있는 유대인들에게 묵은 원한을 갚기를 원했다. 또한 이 공격은 성지순례를 위해 메카에 들어가지 못한 것에 대해 실망한 무슬림들에게 힘을 북돋우기 위한 것으로 무하마드에게는 매우 중요한 사안이었다.

케이바르에 있는 유대인 공동체는 아라비아 반도에 있는 모든 부족들 중 규모가 가장 컸을 뿐 아니라 가장 부유했다. 케이바르는 "유대인들이 많은 관개시설을 건설했고, 그것에서 생산되는 것에 의지해 살고 있는 비옥한 오아시스"였다.[90] 무하마드는 케이바르를 기습 공격할 계획을 짰다.

하디스 또는 무하마드 전기와 더불어 신성시되는 무슬림 자료의 요약을 보면, "무하마드는 케이바르 유대인들 쪽에서 어떠한 공격적인 행위를 먼저 하기를 기다렸는데, 자신의 추종자들에게 그들의 비옥한 땅과 마을을 공격하기 위한 구실을 만들어 주기 위한 것이었다."[91] 무하마드에겐 안타깝게도 약 6주 정도의 시간이 흐르는 동안 케이바르 유대인들로부터는 어떠한 계기도 일어나지 않았다. 계속해서 기다릴 수만은 없었던 무하마드는 결국 농지에 일하기 위해 나가있던 무장하지 않은 유대인 농부들을 급습했다. 이븐 이스하크는 "알라의 사도(무하마드)가 '어떤 유대인이든 손에 잡히는 대로 사살하라' 고 말했다."라고 기록한다.92 무슬림들은 그의 명령을 그대로 따랐고, 손에 잡히는 유대인은 누구든지 상관하지 않고 잔인하게 살해했다. 그러나 무슬림들은 유대인들의 요새에는 침입할 수가 없었다. 여러 차례의 시도들이 다 실패하자 무하마드는 무슬림들이 전의를 상실하여 후퇴하고, 그로 인해 자신이 뭔가 터무니 없는 것을 벌인 것으로 되어버릴까 근심하기 시작했다.

당시 케이바르에 살고 있는 유대인들의 주요 생계 수단은 대추야자나무 숲이었다. 그래서 무하마드는 유대인들이 항복하도록 강요하기 위해 부하들에게 대추야자나무 숲을 불태워 버리라고 명령했다. 유대인들은 그들의 유일한 생계 수단이 불타오르는 것을 보자 눈물을 흘리며 항복하였다. 항복한 유대인들 중 몇 사람이 무하마드에게 자신들을 대추야자 농장에서 일할 수 있도록 고용해 달라고 부탁했다. 그들은 무하마드에게 "우리가 대추야자에 대해서는 당신들보다 더 잘 알기 때문에, 더 농사를 잘 지을 수 있을 것입니다."라고 논리 정연하게 이야기했다.93 부탁한 유대인들 중 몇 사람이 그곳에 남도록 허락을 받았고, 그들은 수확량의 50%를 무슬림들에게 내어놓는 조건으로 계속해서 농사를 지을 수 있었다. 그러나 무하마드가 죽은 후, 3번째 칼리프(Caliph)가 된 우스만은 농사짓던 유대인들을 추방하고 그들의 재산을 무슬림들에게 나눠주기로 결정했다. 무슬림들의 수가 굉장히 많아졌기 때문이다.

앤드류 지 보스톰(Andrew G. Bostom)은 무하마드가 케이바르의 유대인들을 공격했을 때, 무하마드의 사촌이자 사위인 알리가 그에게 물었던 것에 대해 다음과 같이 기록했다:

"알리가 '케이바르의 유대인들은 그들의 오아시스를 관리하며 평화롭게 사는 농부들인데 그들을 왜 공격한 것입니까?' 라고 묻자, 무하마드는 '나는 그들이 무조건 이슬람 율법에 복종하도록 만들어야 한다'고 말했다."94

무하마드가 케이바르의 유대인들을 죽이라고 명령했을 때, 무슬림들은 놀랍게도 이 명령을 굉장한 쾌락의 하나로 여기며 즐겁게 따랐는데, 이러한 무슬림들의 성향을 알 수 있는 이븐 이스하크가 소개한 두 형제 후웨이사(Huwayyisa)와 무헤이사(Muhayyisa)에 대한 다음과 같은 이야기가 있다.

동생 무헤이사는 무슬림이었고, 그의 형 후웨이사는 이슬람으로 개종하지 않은 사람이었다. 어느 날, 무슬림이었던 동생이 무하마드의 명령에 따라 자신이 일하고 있는 곳의 주인인 성공한 유대상인을 살해한 사건이 일어났다. 사실을 알게 된 형이 화가나 동생을 비난하고 때리며 말했다. "이 신의 반역자야! 네가 누리는 모든 것이 다 그의 재산으로부터 나왔단 걸 알면서도 어떻게 그를 죽일 수가 있냐?" 그러자 동생 무헤이사는 "만약 무하마드가 나에게 형의 목을 베라고 명령한다면, 난 그 즉시 그렇게 할거야."라고 대답했다. 후웨이사는 이 대답을 듣고 감탄하여 탄성을 질렀다. "맹세코, 종교가 너를 이렇게 만들다니 이슬람은 정말 대단하구나!" 이븐 이스하크의 기록에 의하면, 그 시점에 그의 형 또한 무슬림으로 개종하였다.[95] 다른 말로 하면, 형 후웨이사는 누구든지 무슬림이 되면 무하마드의 명령에 복종해 다른 사람을 죽이거나 스스로도 그럴 준비가 되어 있다는 것에 감명을 받았던 것이다.

이슬람 자료들은 '무슬림들이 유대인들을 어떻게 공포에 떨게 만들었는지에 대해 자랑하고 다녔다' 고 기록하고 있다. "알라의 적들, 즉 유대인들을 향해 강력한 공격을 함으로써 우리는 그들을 공포에 떨게 만들었다. 메디나에 있는 유대인들 중 생명의 위협을 느끼지 않는 유대인은 단 한 명도 없었다."[96]

무하마드는 유대인들을 학살하고 예속시킴으로써 아라비아 전체에 자신에게 대항한다면 그 결말이 어떠할지를 알 수 있도록 경고의 메시지를 보낸 것이었다. 이로 인해 일부 베두인 부족들과 무슬림들의 폭력성에 두려워 떨던 부족들, 또 그들의 전리품을 부러워하는 부족들이 무하마드와 동맹을 맺었다.

유대인 학살이 끝나고 그들이 항복한 후 유대인 지도자들이 무하마드에게 지불할 조건에 대한 협상을 마쳤을 때, '제이납 빈트 알-하리스(Zaynab bint Al-Harith)' 라는 남편과 형제들 그리고 아버지를 잃은 유대 여성이 무하마드를 위해 양고기를 요리해 선물로 가져왔다. 무하마드는 고기를 먹자마자 고기에 독약이 들었다는 것을 느끼고는 곧장 뱉어냈고, 더 먹지 않아 목숨을 건졌다. 그러나 그와 함께 고기를 먹었던 그의 동료 비샤르 이븐 알-바라(Bishr Ibn al-Bara)는 그 자리에서 목숨을 잃고 말았다.

제이납은 심한 구타를 당하며 무하마드 앞으로 끌려갔고, 무슨 짓을 했는지에 대해 심문을 받았다. 그녀는 가족들의 복수를 위해 고기에 독을 탔다고 실토했고, 곧바로 처형당했다. 그녀는 "나는 당신이 우리 가족들에게 한 일 때문에 당신을 죽이기로 결단했다. 당신은 우리 아버지, 삼촌 그리고 내 남편을 죽였다! 나는 당신이 진정한 선지자라면 독약 따위가 당신을 해치지 못할 것이라고 생각했다. 그러나 당신이 한낱 한 무리의 왕이라면, 난 그 사실을 모두에게 알게 해주려 했다."라고 말했다.[97]

독은 무하마드의 남은 삶 동안 지속적으로 효과가 있었고, 그를 서서히 죽게 했다고 추정된다. 어떤 전승들에 기록된 바에 따르면, 무하마드는 독 때문에 때때로 목 뒤를 손으로 잡곤 했다고 한다. 이 사건 이후 그는 3년을 더 살았는데, 병중에 있을 때 "케이바르에서 먹었던 음식으로 인하여 계속 고통을 느낀다! 그 독 때문에 마치 대동맥이 끊어지는 것만 같구나!"[98] 라고 이야기하곤 했다고 한다.

무하마드가 키나나 빈 알-라비(Kinana b. al-Rabi)라는 알-나디르 유대부족 남자를 포로로 잡았다고도 기록되어 있다. 무슬림 자료들에 의하면, 그 남자는 알-나디르 부족이 메디나에서 추방되었을 때, 부족의 보물을 케이바르에 숨긴 사람이라고 한다. 무하마드가 그에게 보물이 어디에 있느냐고 묻자, 그는 '보물에 대해서는 아무것도 아는 것이 없다'고 대답했다. 이븐 이스하크의 기록을 보면, "무하마드가 사형집행인에게 정보를 얻어 낼 때까지 고문하라고 명령했고, 그 집행인은 부싯돌을 이용해 그의 몸에 불을 붙였고, 그가 죽기 직전까지 강철로 가슴을 눌렀다. 그리고 나서 무하마드는 그를 무하마드 빈 마슬라마(Muhammad b. Maslama)에게 데려갔고, 마슬라마가 그의 목을 쳤는데 (그것은 전투 중 유대인들의 손에 죽임을 당했던) 그의 동생 마하무드의 복수를 위한 것이었다."[99]

케이바르에서 얻은 전리품과 포로들이 분배되었을 때, 무하마드는 자신이 그 형제와 아버지 또한 죽인 키나나의 아내 사피야를 자신의 몫으로 데려갔다. 그녀는 처음엔 무하마드의 부하 디야(Diya)에게 배분되었는데, 워낙 출중한 미모를 갖고 있었기 때문에 무하마드가 디야에게 주지 않은 것이었다. 그녀는 실로 굉장히 아름다웠고, 사람들은 무하마드가 있는 곳에서조차 "지금껏 전쟁에서 잡힌 포로들 중 그녀만큼 아름다운 여자를 본적이 없다."라고 칭송할 정도였다.[100] 디야가 무하마드에게 그녀를 돌려달라고 요구하자, 무하마드는 그에게 사피야 대신 다른 어떤 여자도 데려가도 좋으니, 그녀와 교환하자고 말했다. 그래서 디야는 사피야의 사촌들 중 두 명을 데려갔다. 그 후, 무하마드는 사피야에게 결혼해 달라고 청혼했다. 그녀는 처음에는 거절했으나 무하마드가 불쾌해하자 잠시 후, 마지못해 청혼을 승낙했다. 그날 밤 무하마드가 그녀와 잠자리를 가지는 동안, 무하마드의 군인 중 한 명인 아부 아윱(Abu Ayyub)이 밤새 칼을 든 채 문 앞을 지켰다. 다음 날 아침, 무하마드가 천막 밖으로 나왔을 때, 방문 앞에 서 있던 아부 아윱에게 무슨 일인지를 물었고 아부 아윱은 "알라의 전달자여, 당신이 그녀의 아버지와 형제들 그리고 삼촌과 남편과 친척들을 죽였기 때문에 저는 그녀가 당신을 죽일지도 모른다고 생각해 두려워 밤새 이곳을 지켰습니다."라고 대답했다.[101] 무슬림 자료들에는 사피야가 흔쾌히 무하마드와 결혼했다고 보고되지만, 그것은 사실로 보여지지 않는다. 바로 그날, 그녀의 가족들이 자신의 눈앞에서 학살당했기 때문이다.

케이비르에서의 약탈품은 무하마드와 무슬림들에게 지금까지 중 단연 최고였다. "방대하게 저장된 대추야자 외에도 기름, 꿀, 보리, 양 떼, 낙타 떼, 보석과 보물까지 그 양이 굉장했다."[102] 항상 그랬듯이 전체의 5분의 1은 무하마드의 몫으로 구별되었다. 무하마드는 전리품들을 전투에 참가한 무슬림들과 나누었지만, 싸움 없이 정복한 땅이나 마을에 대해서는 나눠주는 일이 없었다.

제11장

하렘(Harem) 내부의 반란

후대비야의 조약 이후, 무하마드는 "아랍의 왕들과 외국인들을 알라께로 부르기 위해" 편지를 써 보냄과 동시에 이슬람 선교사들을 파송하기 시작했다.103 그의 파견단 중 한 팀이 이집트에서 그곳의 통치자가 무하마드에게 보낸 선물을 가져왔고, 그 때 시린(Sirin)과 마리아(Maria)라는 두 명의 콥트(이집트 원주민) 노예 소녀들 또한 선물로 받게 되었다. 무하마드는 마리아는 자신이 취하고, 그녀의 자매 시린은 그의 동료 중 한 사람에게 주었다. 무하마드는 그녀를 그의 다른 아내들이 살고 있는 모스크 내 그의 하렘(전통적인 이슬람 가옥에서 여자들이 생활하는 영역)에 두지 않고, 특별히 마련한 메디나 위쪽의 정원이 있는 집에 머물게 했다. 무하마드가 그녀를 자주 찾아갔기 때문에 하렘에 살고 있는 다른 부인들이 그녀의 아름다움을 시샘하고 있었다. 마리아는 계속해서 노예 신분을 유지했는데, 그녀가 이슬람으로 개종하기를 거부했기 때문이었다. 그러던 중 그녀가 임신을 했고, 아들을 낳게 되었다. 무하마드는 아들의 이름을 이브라임(Ibrahim)이라고 지었으며, 이 아들을 매우 총애했기 때문에 마리아는 졸지에 무하마드의 모든 아내들 중 가장 높은 지위에 올라가게 되었다.

무하마드는 그의 총애하는 아내이자 아부 바카르의 딸이었던 아이샤, 우마르의 딸이었던 아내 하프사를 포함해 다른 모든 아내들보다 마리아와 함께 여러 밤을 보내는 것을 좋아했다. 그러던 어느 날, 하프사가 집에 없었을 때 마리아가 무하마드를 만나러 하렘으로 찾아왔다. 무하마드는 그녀를 집에 없던 하프사의 침대로 데려갔는데 유감스럽게도, 그때 마침 하프사가 집으로 돌아왔고 마리아와 무하마드가 그녀의 침대에 함께 있는 것을 보게 되었다. 그녀는 이 일로 인해 굉장히 분노했고, 하렘의 모든 사람들에게 이 사실을 이야기하겠다고 무하마드를 위협했다. 무하마드는 이 일을 누구에게도 말하지 말아달라고 애걸했고, 다시는 마리아와 만나지 않겠다고 맹세했다. 그러나 하프사는 이것을 혼자만 알고 지나칠 수 없었기에 아이샤에게 이야기했다. 격분한 아이샤는 모든 아내들을 소집해 회의를 열었고, 그녀들은 모두 이 상황을 규탄하며 무하마드를 비난했다. 아내들은 단합하여 무하마드에게 마리아를 다시는 만나지 말 것을 요구했고, 무하마드는 그러겠다고 약속은 했으나 여느 때와 다름없이 지키지 않았다. 그는 다시 마리아를 찾아 갔다. 이 사실을 알게 된 하렘에 있는 모든 아내들은 격분했고, 무하마드는 자신을 정당화하기 위해 다음과 같은 알라의 말씀을 계시했다:

> 오, 예언자여, 알라가 그대를 위해 허락하신 것을 왜 금지해서 아내의 호감을 구하려고 하는가? 알라는 곧잘 용서해 주시는 분, 자비로우신 분이시다. 알라는 너희들의 서약을 풀도록 명령하셨다. 알라는 너희들의 보호자이시다. 잘 아

시는 분, 총명한 분이시다. (코란 66:1-2)

전승에 의하면, 아내들이 단합하여 그에게 차갑게 돌아서자, 무하마드는 그들에게 이혼하겠다고 위협하며, 반란에 대해 한 달 가량 유배를 보내는 벌을 내렸다고 한다. 무하마드는 아내들을 유배 보낸 한 달 동안을 온전히 콥트인 아내 마리아와 함께 보냈다. 후에, 장인이자 측근인 아부 바카르와 우마르는 무하마드의 아내인 자신의 딸들을 위해 무하마드에게 이 일을 용서해달라고 간청했고, 그제서야 아내들은 집으로 돌아올 수 있었다. 무하마드는 아내들이 유배에서 풀려나 돌아오는 것에는 동의했으나 다음과 같은 코란 구절을 통해 그녀들을 꾸짖었다:

> 만일 너희들 …… 아무리 예언자에 반항하더라도,
> 알라가 예언자의 보호자라는 걸 알아야 한다.
> 만약 예언자가 너희들과 전부 이혼하더라도
> 주는 너희들보다 훌륭한 아내들을 대신 내려 주실 수도 있다.
> 즉 귀의한 여인, 믿는 여인, 유순한 여인, 잘 뉘우치고 깨닫는 여인,
> 잘 봉사하는 여인, 단식에 힘쓰는 여인,
> 기혼녀, 미혼녀 등등을. (코란 66:4-5)

하렘에는 다시 평화가 찾아왔다. 그러나 안타깝게도 무하마드와 마리아 사이의 아들 이브라임은 겨우 16개월 또는 18개월쯤 병이 들어 죽고 말았다.

제12장

움라(Umra)를 위해 메카로 돌아가다.

무하마드는 케이바르(Khaybar)에서 메디나로 돌아온 후에도 계속해서 기습공격조를 보냈고, 그에게 예속되지 않은 부족들과 정복되지 않은 땅을 정복하기 위해 원정대를 보냈다. 그리고 이듬해 성지순례 기간이 돌아왔을 때, 지난해에 거절당했던 성지순례를 수행하기 위해 메카로 떠났다. 지난해에는 무장하지 않은 채 메카로 떠났었지만, 이번에는 메카 사람들이 거절할 경우를 대비하여 무장을 비롯해 모든 필요한 준비를 다 하도록 지시했다. 대략 2천 명의 남자들이 완전 무장을 했으나, 성전에서는 무기소지와 폭력이 금지되어 있었기 때문에 그들은 메카의 경계 근처에 모든 무기들을 숨겼고, 이를 잘 지켰다. 메카 사람들이 무슬림들이 온다는 소식을 들었다. 그리고 그들은 휴전협정에 따라 무하마드의 행진에 대한 어떠한 저항의 자세도 취하지 않았다. 메카에 들어온 무하마드와 그의 부하들은 카바의 검은 돌에 입을 맞추며 성전을 순회했다. 그리고 나서 희생제물들을 도축해 제물로 바치는 의식을 행하는 것으로 작은 순례 의식(Umra)을 마쳤다. 성지순례 바로 직후, 무하마드는 그의 삼촌 함자 이븐 압둘 무탈립(ibn Abd al-Muttlib)의 처제인 27살의 메이무나 빈트 알-하리스(Maymuna bint al-Harith)와 결혼했다. 협정에 따라 무하마드는 메카에 단 3일만을 머물 수 있었기에 3일 후, 쿠레이시의 지도자들은 그를 찾아가 도시를 떠나달라고 말했다. 그러나 무하마드는 메이무나와의 결혼을 축하해야 한다는 이유를 들어 조금 더 머물기를 원했고, 그들에게 그의 결혼을 축하하기 위한 시간을 더 줄 수 있는지 물었다. 무하마드가 그들을 결혼 피로연에 초대했으나, 쿠레이시의 지도자들은 초대를 거절하며 즉시 도시를 떠나 줄 것을 요구했다. 무하마드와 무슬림들은 곧 메카를 떠났고, 메카에서 그리 멀지 않은 곳인 알-타님(al-Tan'im) 근처의 사리프(Sarif)에 머물렀다. 무하마드는 사리프에서 메이무나와 첫날밤을 치른 후, 메디나로 돌아갔다.

제13장

메카의 항복

후대비야 조약(The treaty of Hudaibiya)은 아랍 부족들에게 자유를 보장하고 있었다. 조약에는 "누구든지 조약에 속하고 싶으면, 알라의 전달자(무하마드)와 조약을 맺을 수 있다. 그리고 쿠레이시 부족과 동맹이 되고 싶다면, 쿠레이시 부족과도 조약을 맺을 수 있다"라고 명시되어 있었다.[104] 또한 만약 어떤 부족이 무하마드 또는 쿠레이시 부족 중 한 곳과 굳건한 동맹을 맺고 있는 부족을 공격하면, 동맹을 맺은 부족이 그에 대해 보복할 권리를 가진다라고도 명시하고 있었다.

당시 각자 반대편과 동맹을 맺고 있는 서로 사이가 좋지 않은 두 부족이 있었는데, 바로 쿠레이시 부족의 동맹에 속한 바누 바카르(Banu Bakr) 부족과 무하마드와 동맹을 맺고 있는 쿠자(Khuza' ah) 부족이었다. 그들은 한동안은 평화롭게 지냈다. 그러나 서로에 대한 고질적인 미움이 또다시 두 부족 간의 분쟁에 불을 붙였다. 결국 바누 바카르 부족이 평화 조약을 무시하고 먼저 쿠자 부족을 공격하는 일이 일어났고, 이 소식을 들은 쿠레이시 부족의 몇몇 사람들은 바누 바카르 부족을 도와야 한다고 생각했다. 공격을 당한 쿠자 부족 또한 메디나에 있는 무하마드에게 대표단을 보내 그들이 처한 불리한 상황을 알렸다. 쿠레이시 부족은 동맹부족이 공격을 당한 것에 대해 무하마드가 보복할지 모른다는 것에 대해 두려움을 느꼈고, 이에 대해 쿠레이시 족의 수장 아부 수피안(Abu-Sufyan)이 무하마드에게 (후대비야 조약의 내용을 강화하자는) "강화조약(Strengthen the agreement)"105 을 만들자고 제안하며, 평화협정의 범위를 확대시키자고 설득에 나섰다.

아부 수피안에게는 움메 하비나(Umm-Habinah)라고도 알려진 라믈라 빈트 아비 수피얀(Ramla bint Abi Sufyan)이라는 딸이 있었다. 그녀는 무하마드가 메카에서 이슬람을 전파하던 초기에 무슬림으로 개종했으며, 그녀의 남편은 무하마드의 사촌이자 제납 빈트-자쉬(Zaynab bint-Jash)의 형제인 우베이드-울라 이븐 자쉬(Ubayd-Allah ibn Jash)였다. 그녀는 메카 사람들의 이슬람 핍박을 피해 남편과 함께 아비시니아(Abyssinia:에티오피아의 별칭)로 이주했던 이들 중 한 명이었다. 그런데 그녀의 남편이 아비시니아에서 기독교로 개종을 했고 그 결과, 그녀의 결혼은 무효화되었다. 이 사실을 알게 된 무하마드는 그녀에게 청혼했고, 결과적으로 두 사람은 부부가 되었다.

강화조약을 협상하기 위해 메디나에 도착한 아부 수피안은 가장 먼저 무하마드의 아내들 중 하나가 된 자신의 딸을 만나러 갔다. 그런데 딸의 집에 들어간 그가 무하마드가 사용하는 카펫에 앉으려 한 순간 그의 딸이 카펫을 빼앗아 접어버리며 아버지가 앉지 못하도록 하는 것이었다. 그녀의 행동에 너무 놀란 아부 수피안은 딸에게 "오신이시여! 얘야, 나는 네가 이 카펫이 나에게 너무 부족하다고 생각하는 건지 아니면, 내가 이 카펫에 앉기 부족하다고 생각하는 건지 모르겠구나."라고 말했다. 그러자 그녀는 "이건 알라의 전달자(무하마드)의 카펫이고, 아버진 불결한 다신론자에요. 나는 아버지가 알라의 전달자가 사용하는 카펫에 앉지 못하게 하고 싶었어요."라고 말했다. 자신의 친 딸에게 모욕을 느낀 아부 수피안은 "내 딸아, 네가 날 떠난 후에 사탄이 널 사로잡은 것 같구나."[106] 라고 말하며 방을 떠나, 곧장 무하마드를 만나러 갔다. 그는 무하마드에게 찾아가 동맹부족들의 분쟁에 대해 서로 어떠한 복수도 하지 않고, 자신들과 맺은 평화협정을 지키도록 납득시키기 위해 애썼다. 하지만 무하마드는 그에 대한 어떠한 대답도 하지 않았다. 아부 수피안은 쿠레이시 부족을 위한 좋은 결과는 하나도 얻지 못한 채 메카로 돌아갔다.

한편, 아부 수피안의 노력이 무색하게 쿠레이시 부족의 남자들 중 동맹부족인 바누 바카르 부족을 도와 쿠자 부족을 공격하는 신중하지 못한 행동을 한 무리가 있었다. 그리고 결국 이것이 무하마드에게 메카를 정복할 완벽한 구실을 제공하게 됐다.

사실을 알게 된 무하마드가 사령관들을 소집했고, 그들에게 군대를 집결시키라고 명령했다. 그리고 그들은 완전 군장을 한 채 메카를 기습공격하기 위해 출격했다. 이때 대략 10,000명의 무슬림들이 무하마드와 함께 출격했는데, 이것은 지금까지 집결했던 무슬림 군대 중 가장 큰 규모의 군대였다.

아부 수피안은 메카와 메디나 사이에 있는 니쿨-우카브(Niqu'l-

'Uqab)에서 무하마드를 만났다. 그는 분쟁을 끝낼 어떠한 합의점을 찾을 수 있길 간절히 소망했으나, 그가 선택할 수 있는 것은 이슬람을 받아들이는 것뿐이었다. 무하마드가 그에게 "화 있을진저! 아부 수피안아, 이제 내가 알라의 사도라는 것을 깨달을 때가 되지 않았느냐?"라고 물었고, 아부 수피안은 "그것에 대해서는 아직 의심이 남아있다."라고 대답했다.107 알-아바스(Al-Abbas)가 그에게 소리를 지르며 "화 있을진저! 바른 대답을 하지 않는다면, 맹세코 네 목을 베어버리겠다! 108 라고 협박했다. 아부 수피안은 무하마드의 장인이기도 했기 때문에 무하마드와 전쟁을 해 목숨을 잃느니, 항복한 후 요직에 남아 자신의 딸과도 화해하고 무하마드와 한 편이 되는 것이 더 낫다고 생각했던 것 같다. 결국 그는 이슬람을 받아들이기로 결정했다.

아부 수피안과의 일을 마무리한 무하마드는 그의 군대에게 메카로 출격할 것을 명령했다. 그리고 쿠레이시 부족을 사방에서 둘러싸 공격하라고 명령했다. 한편, 아부 수피안 또한 그가 할 수 있는 최대한의 속도로 메카로 돌아가자마자 지체하지 않고, 무하마드가 군대와 함께 이곳으로 오고 있으며, 그의 군대는 우리가 저항할 수 없을 만큼 너무 강하다고 공표했다. 그러면서 누구든지 그의 집으로 와 피하거나, 성지에 들어가거나, 나오지 않고 집 안에 숨어 있으면 안전할 것이라고 알렸다.

629년 12월 11일, 무하마드는 어떠한 유혈사태도 없이 메카에 진입했고, 메카 전체가 그에게 굴복했다. 쿠레이시 부족과 다른 많은 부족들이 무하마드에게 충성할 것을 맹세했다. 무하마드는 메카에 정착했고, 카바 신전에 들어가 기도했다. 기도를 마친 후, 신전 안과 주변의 모든 우상들을 가져와 부수고 불태우라고 명령했다.

메카 침략은 무하마드가 일으킨 전쟁의 끝이 아니었다. 이후 몇몇의 다른 전투들이 있었고, 그때마다 많은 부족들이 무하마드에게 예속되었고, 약탈당했고, 굴복할 것을 강요당했다. 이러한 전투들 중에서 주목할만한 것은 타이프(Taif:사우디아라비아 서부의 도시)라는 도시에서 있었던 일이다. 이 도시의 인구는 무하마드 군대의 두 배 정도였다. 그들은 무슬림들에게 포위 공격을 당했으나, 요새 안에서 끝까지 싸웠고 무하마드의 모든 공격을 격퇴시켰다. 그러나 시간이 흐를수록 상황은 점점 타이프 사람들에게 불리해졌고, 결국에는 그들도 무하마드에게 항복하고 말았다. 무하마드의 군인들은 지위에 상관없이 모두 막대한 전리품을 하사받았다. 무하마드는 타이프 도시 내에서 그들이 섬기는 신 알라트의 우상들을 파괴하라고 명령했고, 모든 이교도적 잔존물들과 신당들도 파괴하였다.

이러한 모든 전투에서 승리를 맛본 무하마드는 아라비아 반도를 넘어 다른 영역들도 정복하고자 하는 꿈을 꾸고 있었다.

제14장

조세징수

무하마드는 모든 무슬림들에게 사다카(sadaqa:구호금)를 부과했다. 그리고 무슬림이 아닌 사람들에게는 지즈야(Jiziya:인두세) 또는 보호세(protection tax)를 부과했다. 무하마드는 그의 대리인들에게 다음과 같이 지시했다:

"이슬람을 받아들이고, 모든 이슬람의 종교 행위들을 수행하며, 의무를 온전히 잘 행하는 유대인들과 기독교인들은 (이슬람을) 믿는 자들로 간주한다. 그런 사람들은 무슬림들과 동일한 권리와 의무를 지닌다. 그러나 누구든지 그렇지 않은 기독교인이나 유대교인들은 개종시켜야 한다. 모든 성인 남자든, 여자든, 자유인이든, 노예든 그들의 옷의 무게와 비슷하거나 같은 양의 디나르(Dinar:세르비아 및 중동과 북부 아프리카 일부 국가들의 화폐 단위)를 세금으로 내야만 한다. 그리고 이러한 내용을 충실히 지킨 사람은 누구든지 알라와 그 사도의 보호를 받는다. 하지만 누구든지 이것을 지키지 않는 사람들은 알라와 그 사도, 그리고 믿는 자들(무슬림들) 모두의 적이다."[109]

그리고 무하마드는 무슬림들에게 신성한 명령을 내렸는데, 이는 코란 9장 29절의 명령으로 "참된 종교를 믿지 않는 자에 대해서는 스스로 자기를 낮추며 자발적으로 인두세(Jizya)를 바칠 때까지 싸우라"
는 것이었다. 남예멘과 야마마(Yamama), 네지드(Nejd:사우디아라비아 중
동부의 지방) 그리고 바레인(Bahrayn:두 개의 바다/페르시아 만에 있는 소왕국)
의 유대인들과 기독교인들이 목숨을 보전하기 위해 보호세와 인두
세를 바치기 시작하였다.

　사다카를 내는 기간이 되자 무하마드는 조세를 걷는 대표단을 바
누 타밈(Banu Tamim) 부족에게 보냈다. 참고로 이 부족은 이슬람을
받아들였으며, 무하마드가 메카를 정복할 때 그를 도와준 부족이었
다. 그러나 그들의 하위 부족들 중 하나인 바누 알-안바르(Banu al-
Anbar) 부족이 조세 바치는 것을 거부했다. 무하마드는 이 사실을 알
고, 곧바로 50명의 군인들을 보내 그들의 여성들과 아이들을 납치했
다. 알-와키다의 기록에 따르면 "11명의 여자들과 30명의 아이들이
메디나로 잡혀왔고, 선지자는 그들을 옥에 가두라고 명령했다."[110]
바누 알-안바르 부족의 남자들은 납치사실을 알게 되자마자 무하마
드와 협상하기 위해 10명의 부족 지도자들을 보냈다. 그들은 무하마
드에게 용서를 빌며 조세를 내겠다고 약속했고, 그제서야 무하마드
는 여자와 아이들을 풀어주었다.

제15장

무하마드의 죽음

무하마드의 자녀들은 딸 파티마를 제외하고는 모두 그가 죽기 전에 죽었다. 알리의 아내이기도 했던 딸 파티마는 무하마드가 죽고, 6개월 후에 세상을 떠났다. 무슬림들은 무하마드가 케이바르에서 먹었던 독이 그의 남은 생 내내 그를 괴롭혔다고 믿고 있으며, 그가 독의 영향으로 극심한 통증에 시달렸고, 고통가운데 서서히 죽어갔다고 생각하고 있다. 어떤 전승들은 무하마드가 독 때문에 목 뒤를 움켜지곤 했다고 기록한다. 그는 독을 먹은 사고 이후 3년을 더 살았고, 그 동안 "나는 케이바르에서 먹었던 음식 때문에 여전히 고통을 느낀다. 마치 대동맥이 끊어지는 것 같다."라고 이야기하곤 했다고 한다.[111]

무하마드는 나이가 들수록 더욱 괴팍해졌고, 그의 질병 또한 그가 주기적으로 분노하는데 일조했다. 한번은 무하마드가 심하게 아팠던 일이 있었다. 무하마드가 제때 약을 먹지 않아 늑막염에 걸릴 것을 두려워하고 있던 그의 부인 움메 살라마(Umm Salama)와 메이무나(Maymuna) 그리고 몇몇 다른 여자들이 그 자리에 있던 무하마드의 삼촌 아바스(Abbas)에게 무하마드가 약을 먹도록 강하게 말해달라고 부탁했다. 무하마드는 삼촌이 준 약은 거절하지 못하고 먹었는데, 그 약이 꽤 역겨운 맛이었다. 약을 먹고 건강이 회복된 무하마드는 순간 이성을 잃을 정도로 분노했고, 그 자리에 있던 자신의 삼촌을 제외한 모든 사람들에게 자신이 먹은 약을 먹으라고 명령했다. 무하마드의 명령이었기 때문에 당시 금식 중이었던 그의 아내 메이무나까지도 약을 먹어야만 했다.[112]

무하마드의 죽음에 결정적으로 작용한 요인이 독이었는지 아니면, 그에게 심각한 두통을 안겨 준 우후드 전투에서 강타당한 머리 부상이었는지는 명확하지 않다. 그러나 한 가지 확실한 것은 무하마드가 자신에게 죽음이 다가오고 있다는 것을 몰랐다는 것이다. 그는 무슬림들을 혼돈 속에 남겨둔 채 세상을 떠났고, 그로 인해 무슬림 공동체(움마)는 누가 무하마드의 후계자가 될 것인지에 대한 문제를 놓고 둘로 갈라졌다.

무하마드는 그의 가장 총애하던 아내 아이샤의 무릎에서 숨을 거뒀다고 전해진다. 그러나 다른 자료들은 그가 자신의 사촌이자 사위인 알리의 품에서 숨을 거뒀다고 전한다. 무하마드는 그의 가족들과 친구들에게 자신이 죽으면, 죽은 그 장소에 묻어달라고 말했었다. 그가 아이샤의 방에 묻혔기 때문에 그의 임종 때에 아이샤가 함께 있었음은 의심할 여지가 없다. 알리 또한 그 곳에 있었을 확률이 높다. 알리와 아이샤가 선지자의 시신에 장례의식을 치룰 준비를 하는 동안, 무슬림 공동체의 족장들은 무하마드의 후계자 자리를 놓고 싸우고 있었다.

무하마드는 그의 삶 내내 기독교인들과 유대인들을 증오했다. 심지어 죽음을 앞두고 "나의 주인 되신 알라신이시여, 유대인들과 기독교인들을 멸하여 주옵소서. 주의 분노가 그들 위에 내리게 하옵소서. 아라비아 전체에 이슬람 외엔 어떠한 종교도 남아있지 못하게 하소서!"[113] 라고 말했다는 기록이 있다. 또한 죽기 전, 그의 추종자들에게 "아라비아 반도에 두 개의 종교가 남아있지 못하도록 하라!"[114] 고 명령했다고 한다. 추방된 유대인 부족들인 케이누카 부족, 알-나디르 부족 그리고 대량학살 된 쿠레이자 부족 외에도 메디나에는 소수의 유대인들과 작은 유대 부족들이 남아 있었다. 그러나 그들 또한 무슬림들에게 재산을 팔거나 그대로 두고 떠나라고 강요당했고, 결국엔 모두 메디나에서 도망칠 수밖에 없게 되었다.

SECTION 3

내분
그리고 끝나지 않는 전쟁

제1장 : 첫 번째 칼리프 그리고 칼리프 지위를 향한 전쟁의 시작 · 135
제2장 : 두 번째 칼리프 그리고 뒤틀린 결혼들 · 142
제3장 : 세 번째 칼리프 그리고 공동체(움마)의 반란 · 145
제4장 : 네 번째 칼리프 그리고 첫 번째 내전 · 150
제5장 : 무하마드 손자들의 불행한 종말 · 156

평화의 탈을 쓴
혈전의 종교
이　슬　람

제1장

첫 번째 칼리프
그리고 칼리프 지위를 향한 전쟁의 시작

무하마드가 죽은 후, 그의 시체를 장사 지내지도 못한 채 무슬림 공동체는 후계자에 대한 논쟁으로 시끄러웠다. 메디나의 무슬림들인 안사르(Ansar:돕는 자)들은 무하마드의 사망소식을 듣자마자 메카에서 이주해 온 무슬림들이 합심하여 무슬림들뿐 아니라 메디나 전체를 통치하려고 할 것에 대해 염려하였다. 그리고 그들의 염려처럼 무하지르(Muhajir:메카에서 이주한 무슬림들)들은 자신들이 공동체 전체를 다스릴 무하마드의 정통한 후계자라고 생각하고 있었다. 왜냐하면 그들이야말로 다방면에서 무하마드와 더 가까운 관계였고, 처음으로 무하마드를 믿고 따른 사람들이었기 때문이다. 이로 인한 메디나의 무슬림(안사르)들의 근심은 더해져 갔다.

당시, 메디나의 무슬림들과 메카의 무슬림들 사이의 경쟁은 극에 달해 있는 상태였다. 메디나의 무슬림들은 긴급 회의인 슈라(Shura) 위원회를 소집하여, 위원회를 통해 그들의 지도자를 선출하기로 합의하였다. 당시 무하지르들은 이 위원회의에 대해 알지 못하고 있다가 메디나의 무슬림들이 일방적으로 합의한 의도를 알아차리고는 회의 장소에 불쑥 쳐들어왔다.

분쟁은 이뿐만이 아니었다. 이주해 온 무슬림들 사이에서도 무하마드의 직계 가족이 후계자 자리를 이어받아야 한다고 주장하는 소수의 무슬림들과 그에 반대하는 무슬림들 사이에 분쟁이 있었다. 이주해 온 무슬림들 중에는 4명의 널리 알려진 후보들이 있었는데, 그들은 무하마드의 사촌이자 그의 딸 파티마의 남편인 사위 알리 이븐 딸리브(Ali Ibn Talib), 무하마드의 오른팔이자 동시에 그가 가장 총애했던 아내 아이샤의 아버지인 아부 바카르(Abu Bakr), 무하마드의 장인이자 군대의 막강한 사령관이었던 우마르(Umar), 그리고 마지막으로 무하마드의 또 다른 사위이자 막대한 부의 소유자였던 우스만 이븐 아판(Uthman ibn Afan)이었다.

무슬림 공동체를 두 개로 나뉘게 했던 원인인 '무하마드의 후계자에 대한 논쟁'은 시아파와 수니파의 끝나지 않는 분쟁으로 지금까지도 이어지고 있다. 수니파[115]는 공동체의 슈라(Shura)위원회에서 합의를 통해 적합한 후계자를 선임해 통치를 맡겨야 한다고 생각했다. 반면, 시아파[116]는 무하마드의 사촌이자, 무엇보다 무하마드와 카디자 사이의 딸 파티마와 결혼한 알리가 적합한 후임자라고 생각했으며, 또한 그들을 통하여 무하마드의 손자들인 하산과 후세인도 태어났음을 강조했다. 시아파는 무하마드가 자신이 죽고 나면 알리가 공동체(움마Umma)를 이끌어 가야 한다고 말했다고 믿고 있었다.

신기하게도 무슬림들은 무하마드의 사체에는 관심을 기울이지 않았을 뿐 아니라 행해야 할 의식절차나 장례의식에 대한 아무런 계획도 없었다. 그들은 오직 무슬림 공동체의 새로운 리더가 누가 될 것인지를 예상하는 일에만 큰 관심을 보이고 있었다. 앞서 말했듯이, 무하마드는 그의 동료들에게 자신이 죽으면 죽은 장소에 묻어달라고 유언했다. 무하마드는 그의 아내 아이샤의 침소에서 숨을 거뒀고, 따라서 그의 시신은 그녀의 방에 묻히게 되었다. 이후 아이샤는 무하마드의 다른 아내인 하프사의 숙소로 옮겨 지냈다. 알리가 무하마드의 시신을 묻는 동안, 메디나와 메카의 무슬림들은 후계자에 대한 논쟁으로 정신 없이 바빴다. 회의는 하루 종일 진행되었으며, 밤을 새고 그 다음날까지 계속되었다.

메디나 무슬림들은 메카 무슬림들이 지도자 자리를 양보하지 않을 것을 깨닫자, 메디나는 메디나의 지도자를 그리고 메카는 쿠레이시 부족 내에서 메카의 지도자를 선출할 것을 제안했다. 그러나 쿠레이시 부족 출신인 아부 바카르와 우마르는 그 제안에 흔들리지 않았으며, 이를 단호하게 반대했다. 그리고 마침내 그 두 사람은 메카의 무슬림들에게 '(무슬림)공동체는 나눠져선 안 된다. 한 명의 지도자가 모두를 다스려야 하며, 그 지도자는 쿠레이시에서 이주해 온 무슬림들 중 한 명이 되어야 한다'는 것을 납득시키는 데 성공했다. 하지만 메카 무슬림들 사이에서도 '누가' 지도자가 되어야 하느냐는 것은 또 다른 논쟁사안이었다.

주요 인물 중 하나였던 알리를 제외하곤, 이주한 메카 무슬림들의 모든 후계자 후보가 슈라(Shura)에 출석했기 때문에 우마르는 이 상황을 기회로 활용했다. 그는 후계자로 가장 유력한 아부 바카르와 메디나의 무슬림들에게 충성을 맹세하며 아부 바카르를 초대 칼리프로 추대했다. 다음날 모스크에선 아부 바카르가 전체 신자들 앞에서 공식적으로 'Khilafat Allah(알라의 대리인, 칼리프)' 지위를 인정받았다. 이는 이제부터 그가 "최고의 종교적 권위자의 지위를 갖는 것을 의미했다."117

아부 바카르는 무하마드의 아내들 중 가장 영향력 있었던 아이샤의 아버지였다. 그리고 그녀는 자신의 아버지가 무하마드의 적합한 후계자라는 것을 공개적으로 지지했으며 알리가 지도자가 되는 것은 절대적으로 반대했다. 이것은 그녀가 과거 바람을 피웠다는 혐의로 고소당했을 때, 알리와 그의 아내 파티마(무하마드의 가장 어린 딸)가 무하마드에게 자신과 이혼할 것을 조언했다는 이유로 두 사람에게 원한을 품고 있었기 때문이었다. 당시 무하마드는 그 일에 대해 아이샤의 결백을 선포했고 모든 상황이 곧 정상으로 돌아갔으나, 아이샤의 알리와 파티마에 대한 미움과 원망은 날이 갈수록 거세지고 있었다. 아이샤의 아버지가 무슬림 공동체의 새로운 지도자로 확정되고 나자 그녀 또한 공동체 전체에 더욱 막강한 영향력을 끼치는 권력을 갖게 되었다. 그리고 이것은 마침내 그녀가 알리와 파티마에게 묵은 원한을 갚을 수 있는 때가 왔음을 의미했다. 슈라(위원회)가 아부 바카르의 후임계승을 축하하느라 분주한 사이 알리는 아이샤의 방에서 무하마드의 무덤을 파고 있었다. 그리고 무하마드의 유언에 따라 알리는 숨진 장소에 그의 시신을 묻었다. 그 사이, 알리는 유일하게 슈라에 참석하지 않은 상태였기 때문에 동시에 유일하게 아부 바카르의 편에 서지 않은 무슬림이 되어 있었다. 충성을 맹세하는 행위는 앞으로 아부 바카르의 통치권 계승을 위협하지 않는다는 것을 의미하는 것이었기에 정치적으로 매우 중요한 행위였다. 실제로 당시 이주한 메카의 무슬림들 중 일부는 무하마드의 후계자가 그의 직계 가족들 중에서 나와야 한다고 생각했기 때문에 아부 바카르가 후계자가 되는 것을 반대하고 있었다. 즉, 그들은 알리가 후계자가 되어야 한다고 생각하고 있었던 것이다. 이러한 상황을 잘 알고 있었던 아부 바카르는 알리가 자신에게 대항할 경우를 대비했고, 알리가 충성을 맹세하도록 만들기 위해 우마르와 무장한 사람들을 그에게 보냈다. 우마르는 무장한 사람들과 함께 알리의 집을 에워쌌다. 그는 '알리가 밖으로 나와 아부 바카르에게 충성을 맹세하지 않으면, 집을 불태워버리겠다'라고 소리쳤다. 그러나 우마르는 알리가 무하마드의 딸인 그의 아내와 무하마드의 친손자들인 그의 아이들과 함께 집안에 있었기 때문에 집을 진짜로 불태울 수는 없었다. 대신에 문을 부수기로 결정했는데, 그 때 임신 중이었던 파티마가 부서지는 문에 쾅 소리를 내며 세게 부딪혀 큰 부상을 입게 되는 일이 발생했다. 한 달 후, 그녀는 사산아를 출산했고 대부분의 사람들이 우마르가 문을 부술 때 아이가 뱃속에서 죽었다고 생각했다. 당시 무하마드의 딸이 자신이 한 일 때문에 다친 것을 본 우마르는 알리에게 한마디도 하지 않고 자리를 떠났다. 한편, 아부 바카르는 무하마드의 딸 파티마에게 무하마드의 유산을 물려주지 않겠다고 선포했다. 그는 "우리들은 물려받을 유업이 없다. 무엇이든 남겨지는 것은 다 우리의 공동물품이 된다"118 라고 말했다. 그러나 알리는 솔로몬은 다윗의 유업을 이었으며, 스가랴가 '누가 나의 상속자가 될까' 라고 말한 것을 인용하며 자신들이 물려받아야 할 유산의 권리를 주장했다. 그러나 무하마드의 아내 아이샤 또한 열렬하게 자신의 아버지를 지지하고 있었기 때문에 알리와 파티마는 권리에 대한 항변에도 불구하고 어떠한 답변도 듣지 못하게 되었다.

아부 바카르는 또한 무하마드에게 속했던 모든 것들은 칼리프의 보호 아래, 즉 아부 바카르 자신의 보호 아래 공동체(움마)의 국고에 귀속된다고 선언했다. 아부 바카르는 사람들이 알리와 파티마가 무하마드의 실질적인 상속자들이라는 개념조차 믿지 못하게 만들었고, 그들이 종교적인 부분이나 정치적인 부분에서 무하마드의 자녀로서 상속권이 있다는 일부 무슬림들의 의견에 대해서도 고려할 가치가 없다고 묵살했다. 파티마는 자신의 남편이 무하마드의 적합한 후계자임에도 후계자 선정에서 배제당한 것과 아버지 무하마드의 유산을 조금도 받지 못하게 된 것에 대해 비통함을 느꼈다. 더욱이 그녀는 아부 바카르가 무하마드의 아내들에게, 특히 무하마드의 아내이자 자신의 딸인 아이샤에게 얼마나 후하게 재산을 배분했는지를 알고 나서는 망연자실한 모습으로 아무 말도 못하고 말았다.

알리는 계속해서 아부 바카르에게 충성을 맹세하도록 강요와 협박을 당하고 있었고, 그의 가족들은 제멋대로 구는 아부 바카르의 추종자들이 행하는 폭력에 시달렸다. 그럼에도 알리는 그러한 압력에 굴복하지 않았다. 알리는 자신이 무하마드의 합법적인 후계자라고 생각했고, 통치권 또한 자신에게 속한 것이라고 보았다. 그는 아마 다른 사람들도 그것을 알고 자신을 지지해 줄 것이라고 생각했던 것 같다. 그러나 놀랍게도 모든 사람들이 그에게서 등을 돌렸다. 그렇게 몇 달이 흘렀고, 이제는 그가 모스크에서 홀로 기도를 드리고 있어도 누구도 그에게 말을 걸지 않았다. 한편 알리의 아내 파티마는 사산 후 몸을 회복하지 못했으며, 그로 인해 세상을 떠나고 말았다. 죽기 전, 그녀는 남편에게 자신을 아버지와 같은 곳에 조용히 묻어달라고 요청하며, 특히 아부 바카르는 그녀의 장례식에 오지 못하도록 해달라고 부탁했다. 알리는 그녀의 바람 그대로 장례를 치렀고, 아내를 잃은 슬픔에 잠긴 채 결국 아부 바카르에게 충성을 맹세했다. 그러나 알리의 추종자들은 이것을 공동체의 연합을 위한 그의 고귀한 행동이라고 평가하고 있다.

제2장

두 번째 칼리프
그리고 뒤틀린 결혼들

세월이 지나, 무하마드의 후계자 아부 바카르도 열병으로 사망하게 되었다. 그리고 그의 시체 또한 무하마드의 옆에 안치됐다. 그는 죽기 직전, 공동체의 주된 동료들을 불러 회의를 소집했고, 그 자리에서 우마르(Umar)를 두 번째 칼리프(자신의 후계자)로 임명했다. 아부 바카르와 우마르는 둘 다 무하마드의 사위였고, 우마르는 앞 장에서 이야기한 바와 같이 첫 번째 칼리프 임명 당시 슈라에서 아부 바카르에게 충성을 맹세해 아부 바카르의 통치권을 확고히 해 준 인물이다. 즉, 아부 바카르는 자신의 후임자로 우마르를 지목함으로써 그에게 진 빚을 갚은 것이었다. 아부 바카르가 공평한 결정을 위해 우마르를 후임자로 지목한 것인지, 아니면 사전에 그 둘 사이에 모종의 거래가 있었는지는 정확히 알 수 없지만, 분명한 것은 후계자 자리가 또 한번 알리에게는 돌아가지 않았다는 것이다.

알리는 새롭게 지명된 칼리프 우마르와 갈등이 일어나는 것을 원치 않았기에 처음부터 그의 지위를 인정했다. 그러자 우마르는 알리에게 그의 장녀 움메 쿨툼을 자신의 아내로 삼고 싶다는 의사를 보내왔다. 알리는 처음엔 망설였지만, 결국엔 이 제안을 자신과 우마르 사이의 일종의 평화조약을 맺자는 것으로 받아들였고, 자신의 딸을 우마르와 결혼시켰다. 아마 알리는 자신이 우마르의 사위가 된다는 것이 우마르 다음의 통치자(칼리프) 자리를 확고히 할 수 있는 명백한 징표가 되는 것이라고 믿었던 것 같다. 무슬림 공동체의 제 2대 칼리프가 된 우마르는 알리의 장인인 무하마드의 장인이었고, 무하마드와는 동년배였다. 그런 그가 이제는 알리와 무하마드의 막내 딸 파티마 사이의 딸인 움메 쿨툼, 즉 무하마드의 친 손녀와 결혼을 하게 된 것이다.

한편, 알리는 제 1대 칼리프였던 아부 바카르가 죽은 후, 그의 부인들 중 한 명인 아스마(Asma)와 결혼했다. 즉, 알리는 아이샤의 새어머니와 결혼을 한 것이었다. 아이샤는 무하마드의 부인이자, 무하마드와 그의 첫 번째 부인 카디자 사이의 딸 파티마의 새 어머니로, 알리와 파티마가 결혼 생활을 할 당시엔 알리의 장모였다. 그런데 이제는 알리가 아이샤의 새 아버지가 된 것이다. 이처럼 꼬이고, 얽히고 설킨 그들의 결혼 관계에는 그들의 정치적 이익이 크게 관여되어 있었다.

우마르의 죽음과 함께 그의 칼리프 통치도 막을 내렸다. 많은 무슬림들은 우마르가 그에게 반감을 가진 페르시아인 노예에 의해 모스크에서 칼에 찔려 죽었다고 믿고 있다. 그러나 어떤 무슬림들은 우마르가 엄격한 이슬람 코드를 시행했기 때문에 그에 반대하는 이들이 음모를 꾸며 그를 죽였을 것이라고 추정하기도 한다. 그러나 대부분의 무슬림들은 앙심을 품은 노예가 칼리프를 살해한 것이라고 전해지는 이야기를 있는 그대로 받아들였다. 두 번째 칼리프였던 우마르는 아부 바카르 옆에 안치되었다.

제3장

세 번째 칼리프
그리고 공동체(움마)의 반란

우마르의 죽음을 앞두고, 알리는 마침내 자신이 세 번째 칼리프로 지명될 것이라는 희망을 가졌으나, 놀랍게도 우마르는 6명의 슈라(위원회) 구성원들에게 칼리프 지위에 가장 적합한 사람을 결정하라고 명령했다. 또한 "만약 너희 중 다섯 명이 한 사람을 선출하는 것에 동의하고, 한 명이 그 의견에 반대한다면 그 한 명을 죽여라. 만약 네 명이 한 명을 지지하고 두 명이 반대한다면 두 명을 죽여라. 만약 세 명이 한 사람을 지지하고 나머지 세 명이 그에 반대한다면 압둘 레만 이븐 어프(Abdur Rahman ibn Auf)가 결정 투표(casting vote:찬반 수가 같을 때 행하는 의장의 결정투표)를 시행해라. 그리고 그의 편에서 칼리프를 임명해라. 이 경우에 반대편의 3명은 죽여라."라고 말했다.[119]

위원회의 구성원은 알리 이븐 아비 딸리브(Ali ibn Abi Talib), 우스만 이븐 아판(Uthma ibn Affan), 사드 이븐 아비 워카쓰(Sa'd ibn Abi Waqqas), 압둘 레만 빈 어프(Abdur Rahman bin Awf), 주베이르 이븐 을-아왐(Zubayr ibn al-Awwam), 그리고 딸하 이븐 우베 이둘라(Talha ibn Ubayd

Allah)였다. 그리고 위원회에서 결정한 최종 후보자는 알리와 우스만으로 압축되었는데 참고로 두 사람 모두 무하마드의 사위들이었다. 두 후보들은 각각 따로 위원회 구성원들과 면담을 가졌다. 먼저 알리에게 코란과 무하마드의 수나(Sunna) 그리고 이전 칼리프들의 행적을 잘 따르겠냐고 질문을 했다. 알리는 코란의 모든 가르침과 무하마드의 본보기는 따를 것이지만, 아부 바카르와 우마르의 행적들은 따르지 않겠다고 대답했다. 그들은 우스만에게도 동일한 질문을 했다. 그는 어떠한 거리낌도 없이 세 가지 모두를 따르겠다고 대답했다. 두 사람의 응답을 다 들은 압둘 레만 이븐 어프는 우스만의 대답을 더욱 만족스럽게 여겼고, 그에게 충성을 맹세했으며 나머지 위원들도 모두 그를 따랐다. 알리는 또다시 지도자 자리에 오르지 못하게 되었다. 그리고 무슬림 공동체의 칼리프 자리는 상황판단이 빠르고 사업적 기질이 뛰어난 우스만에게로 넘어가게 되었다. 세 번째 칼리프 우스만은 사람들이 감당할 수 없을 정도의 많은 세금을 거둬들이기 시작했다. 그리고 우스만이 칼리프로 재임하는 동안, 공동체 내의 부정부패는 한계치를 계속해서 뛰어넘었다. 그는 자신과 친척들의 부를 채우기 위해 칼리프 지위를 이용하기 시작했다. 친척들을 고위 관리직에 임명했고, 그들은 국고를 횡령해 자신들의 부와 재산을 늘려갔다. 우스만은 또한 그의 사촌 마르완을 참모총장으로 임명해 무소불위의 권력을 주었다. 그리고 이 마르완은 자신의 권력을 이용해 이집트를 정복할 때 얻은 막대한 부와 재산을 사유화했다. 우스만의 이복형제 왈리드(Walid) 또한 이라크 중부에 위치한 쿠파

(Kufa:이라크의 고도古都)의 총독으로 임명되었다. 그는 노골적으로 이라크 사람들을 무시하고 경멸했으며, 그들의 토지를 몰수했고 재정을 제대로 관리하지 않았을 뿐 아니라, 사람들을 부당하게 투옥시켰다. 한번은 메디나에 있는 무하마드의 모스크에 만취한 상태로 나타나 설교단상 옆에 토를 하여 사람들을 불쾌하게 한 적도 있었다. 이러한 만행들과 과도하게 부과되는 세금, 그리고 정부관료들의 부당한 대우는 이라크와 이집트, 그리고 메디나에서 반란이 일어나게 만들었다.

이러한 상황 속에서 아이샤는 여전히 사람들에게 많은 영향력을 끼치는 자리에 있었으나, 우스만에 대해선 아무 말도 하지 않았다. 그러나 우스만이 그녀를 포함한 무하마드 아내들의 연금을 줄여버리자, 그녀는 곧장 우스만에게 반대하는 목소리를 내기 시작했다.

많은 사람들이 우스만의 사임을 요구했으나, 정작 그는 자신의 지위에서 물러나길 거부했다. 그리고 어수선한 상황을 틈타 초대 칼리프 아부 바카르의 아들이자 아이샤의 이복형제인 무하마드 아부 바카르(Muhammad Abu Bakr)가 이끄는 현 지도체제에 반대하는 사람들로 이루어진 대표단이 이집트와 쿠파에서 도착했다. 그들은 우스만의 사임 또는 그의 사촌인 참모총장 마르완을 이집트에서 추방시킬 것을 요구했다.

우스만 자신은 자리에서 물러날 어떠한 기색도 보이지 않았지만, 지속적인 압박으로 인해 사촌 마르완을 사임시키겠다고 동의해야 하는 어쩔 수 없는 상황에 처하게 되었다. 결국 그는 반대파들에게 마르완에게 전할 편지를 써 주었고, 반대파들은 편지의 내용이 마르완을 추방하는 내용이라고 생각해 이집트로 출발했으나 실제 내용은 그렇지 않았다. 마르완에게 전달될 편지의 실제 내용은 '이 편지를 너에게 가져가는 사람들을 가혹하게 다루라' 는 것이었다. 우스만은 또한 마르완에게 '그들(편지를 가져온 이들)의 머리카락과 수염을 밀어버리고, 각각에게 100대씩 태형을 내린 뒤, 살아남은 사람은 감옥에 가둬버리라' 고도 명령했다.

누군가에 의해 편지가 도중에 개봉되었고, 실제로 적힌 내용을 알게 된 반대파들은 메디나로 다시 되돌아와 3일도 채 안되어 칼리프 궁을 포위하며 반란을 일으켰다. 알리는 자신의 두 아들 하산(Hassan)과 후세인(Hussein)을 보내 다른 주요 지도자들과 함께 칼리프를 보호하도록 조치를 취했으나, 반란군들의 수가 우세했다. 반란군들과 그들의 지도자 무하마드 아부 바카르는 칼리프 궁을 부수고 들어가 집무실에 앉아있던 우스만을 덮쳤다. 그는 양피지로 된 코란을 읽고 있다가 현장에서 바로 죽었다.

우스만을 죽인 반란군의 실제적인 배후가 누구였는지에 대해서는 아직까지 논쟁이 계속되고 있다. 어떤 사람들은 그의 사촌 마르완에게 혐의가 있다고 생각하고, 어떤 사람들은 알리일 것이라고 주장한다. 또 다른 사람들은 아이샤가 배후 인물이라고 믿는다. 그리고 어떤 사람들은 시리아의 총독이자 무하마드의 숙적이었던 아부 수판의 아들 무아위야(Muawiya)가 배후였다고 주장하기도 한다. 숨겨진 진실이 무엇이든지 간에 우스만의 죽음으로도 내부의 갈등은 끝나지 않았다. 오히려 이것은 내전의 시작을 알리는 시발점이 되었다.

제4장

네 번째 칼리프 그리고 첫 번째 내전

다음 날, 다수의 무슬림들에 의해 알리(Ali)가 새로운 칼리프로 추대되었다. 오랫동안 갈망했던 지도자 자리가 드디어 알리에게로 왔으나, 무슬림 공동체는 커다란 혼란에 빠져있었다. 사실 알리는 현 상황에서 이슬람이라는 기치 아래 무슬림들을 하나로 연합시키는 것이 불가능하다는 것을 잘 알고 있었기 때문에 공동체를 책임지는 칼리프 자리를 내켜하지 않았다. 그는 여러 차례 거절했으나, 무슬림들이 계속해서 그가 자신들을 이끌어 줄 것을 요구하자 마침내 지도자 자리를 받아들였다. 그리고 다음 날, 사람들이 알리에게 찾아와 충성을 맹세했고, 그는 칼리프로서 첫 설교를 설파했다. 알리는 드디어 고대하던 칼리프라는 왕좌에 오르게 된 것이다. 그때 몇몇 주요 지도자들이 알리에게 찾아와 우스만을 죽인 사람들을 처벌할 것을 요청했으나, 알리는 반란군들에 속해 있는 살해범들 대부분이 무슬림이란 이유로 그들의 요구를 거절했다.

한편, 아이샤는 메카에서 알리의 칼리프 취임을 강력하게 반대하는 목소리를 내고 있었다. 그리고 그녀는 알리에게 '자신의 이익을 위해 우스만의 살인을 주도하고 정치 싸움을 조장했다'는 혐의를 씌웠다. 곧 이어 아이샤의 사촌인 딸하(Talha), 또 다른 칼리프 후보였던 주베이르(Zubayr) 같은 주요 인사들이 알리에게 충성을 맹세하겠다고 한 약속을 공식적으로 철회하겠다는 선언을 발표했다. 그들은 메카로 가 아이샤가 벌이고 있는 알리를 반대하는 캠페인에 동참했다. 아이샤는 그녀의 사촌 딸하가 차기 칼리프가 되길 원하고 있었다. 반면, 아이샤의 이복형제이자 (아부 바카르 사후, 알리가 그의 아내 중 한 명과 결혼함으로써) 알리의 양아들이 된 무하마드 아부 바카르는 알리가 그대로 칼리프 자리에 남아있길 원했다.

메카와 시리아에 있는 사람들 또한 알리가 새로운 칼리프가 된 것을 강력하게 반대했다. 이전 칼리프 우스만의 친척이었던 무아위야가 당시 시리아의 총독이었는데 그는 알리를 지도자로 인정하지 않았으며, 알리가 우스만을 죽인 자들을 정당하게 심판하지 않는 한 그를 절대 칼리프로 인정할 수 없다고 주장했다. 메카에서는 아이샤가 계속해서 알리의 칼리프 통치에 대한 반대 운동을 하고 있었다. 그리고 그녀는 마침내 인지도 있는 쿠레이시 부족 사람들 상당수의 마음을 알리에게서 돌아서게 하는데 성공했다. 그녀는 사람들에게 "알라의 이름으로! 우스만은 부당하게 살해당했으며 나는 그를 위해 복수하겠다!"[120] 라고 맹세하고 다녔다. 아이샤는 우스만의 죽음을 이용해 자신의 입지를 다지고 있었다. 그러나 현명한 사람들은 그녀가 우스만을 극도로 싫어했으며 사람들이 그에게 대항하도록 선동했다는 사실을 기억하고 있었다. 아이샤가 우스만의 복수에 앞

장서겠다고 하자 그녀의 진실을 알고 있던 사람들 중 한 명이 이를 지적했다. 그는 "뭐라고요? 알라의 이름으로 맹세한다고 하셨습니까? 당신은 우스만에게 반대해 사람들을 선동했었고, 그가 믿지 않는 사람이라는 이유를 내세우며 '네탈(Na' thal)을 끝장내자! (네탈은 우스만의 별명으로 '하이에나'라는 뜻의 모욕적인 의미다)'라고 외치지 않았습니까?"라고 말했다.[121] 아이샤는 '자신의 진심은 그런 것이 아니었다'라고 말하며 이전의 행동을 정당화시키려 애썼다. 몇몇 사람들은 그녀가 이 사건을 자신의 이익을 위해 사용하는 교활한 사람이라는 것을 알고 있었으나, 대다수의 메카 사람들은 그녀를 '모든 무슬림들의 어머니(Mother of the faithful)'라고 믿고 있었기 때문에 맹목적으로 그녀를 따랐다. 그녀는 뻔뻔스럽게 사람들을 속이고 있었다.

그녀는 우스만이 살아 있는 동안, 그에게 반대하는 사람들 중 가장 큰 목소리를 냈고, 그가 사람들의 재산과 부를 횡령하고 훔쳤다는 혐의를 제기하며 사람들이 그에게 등을 돌리도록 이끌었었다. 그런데 이제는 메카의 사람들에게 우스만의 목숨 값을 돌려받자고 말하며 자신이 이전에 제기했던 모든 혐의들로부터 우스만은 결백하다고 주장하며 사람들이 알리에게 반대하도록 선동하고 있었다. 그녀는 "반역자들이 결백한 우스만을 죽였다"라고 말하며, "우스만의 손가락 하나가 암살범들의 생명보다 훨씬 더 값지다"라고 주장했다. 또한 알리가 우스만을 살해한 자들에게 정의를 실행하지 않고 있을 뿐 아니라, 그가 우스만의 죽음에 책임이 있다고 혐의를 제기하며 알리에게 대항하는 용병들을 모집했다.

아이샤는 곧장 병력을 집결했고, 알리를 공격하기 위해 싸움터로 출진했다. 알리 또한 아이샤와 싸우기 위한 만반의 준비를 갖췄고 그녀에게 대항하는 지하드 용병을 모집했다. 이것은 곧, 이슬람 세계가 혼돈과 자중지란에 빠지기 시작했음을 의미했다. 무슬림들은 아이샤와 알리가 서로를 대항하는 군대를 모집하는 것을 보며 엄청난 혼란을 느끼고 있었다.

두 사람의 전투는 "낙타 전투(Battle of the Camel)"라고 불렸다. 이는 아이샤가 전투가 이루어지는 지역의 오른편에 낙타를 묶어두었었는데, 그 낙타가 두 동강으로 잘라지고 그녀가 붙잡히고 나서야 전투가 끝났기 때문이었다. 아이샤는 이 전투에서 패했고, 양측 모두 많은 사상자들이 나왔다. 전투 중 많은 이들의 사지가 절단됐고, 알-따바리의 기록에 의하면 "알리는 거대한 무덤에 잘려진 팔다리들을 묻었다."[122] 이 전투에서 아이샤의 양 날개 역할을 담당했던 딸하와 주베이르도 사망했다. 알리는 수많은 무슬림들의 흘린 피를 보면서, 아이샤가 무슬림들끼리 싸우도록 선동하고 이슬람 공동체(움마)에 분열을 야기시킨 것에 대해 꾸짖었고, 매우 심한 표현을 쓰며 비난했다. 이후, 그는 아이샤의 오빠에게 그녀를 호위해 메카로 돌아가라고 명령하며, 다시는 돌아오지도 말고 어떠한 정치적 개입도 하지 말 것을 명령했다.

그리고 이때까지 시리아의 총독 무아위야도 계속해서 자신이 우스만의 합당한 후계자라고 강력하게 주장하며 알리에게 끊임없이 선전포고를 하고 있었다. 전해지기를, 두 사람의 패권다툼에서도 많은 사람들, 대략 65,000명의 사람들이 죽임을 당했다고 한다. 결국 알리는 무아위야와 합의할 수밖에 없게 되었고, 무아위야는 이집트와 시리아를, 나머지 영역은 알리가 다스리기로 두 진영 간의 합의가 이루어졌다.

그런데 알리의 지지자들(지금은 Shias:시아파라 불림) 사이에서 이 합의(중재)를 인정하지 못하는 무리가 생겨났고, 이로 인해 그들 내부에 새로운 반대세력이 나타났다. 그들은 알리의 결정이 알라 신에게 대죄를 지은 것이라고 생각했고, "당신의 결정은 단브(dhanb: 죄)이고, 당신은 무조건 회개해야만 한다"라고 주장했다.[123]

그들은 알리가 '알라가 내린 통치권'을 받았다고 믿고 있었는데, 그런 알리가 무늬만 무슬림이라고 여겨지는 무아위야와 협상을 함으로써 알라 신을 모독했다고 생각하였다. 이 반대 세력들은 곧장 알리에게로부터 분리되어 나왔으며, 그들 스스로를 카와리지파(Kharijites:분리된 사람들)라고 불렀다. 이들은 스스로를 경건파(Pietists: 파이어티스트)라고 생각하며, 누구든지 알리를 따르는 자는 그와 동일한 죄를 짓는 것이며, 변절자로 간주할 것이고, 그 대가는 죽음이라고 강력하게 주장했다. 그들은 알리가 알라 신이 통치자로 지명한 부르심을 소홀히 여겨 통치권을 다른 이와 나눴기 때문에 지도자 자리에서 내려와야 한다고 요구했으나, 알리는 이를 거절했다. 카와라지파(Kharijites) 무슬림들은 알리에게 대항하는 군대를 조직했고, 알리의 군대를 공격하기 시작했는데, 그들의 목적은 오로지 신속하고 완전하게 알리의 세력을 척결하는 것이었다.[124]

이 싸움에서 알리의 군대가 1,500명의 카와라지파(Kharijites) 무슬림들을 죽였는데, 이들 중에는 무하마드의 초기 추종자들과 동료들이 많이 있었다. 결국 무슬림들 사이에서 알리에 대한 반감이 커졌고, 그는 이라크로 거처를 옮길 수밖에 없었다. 그리고 이라크로 거처를 옮겨간 그는 점점 비참한 처지에 놓이게 되었다.

알리는 칼리프가 된지 5년이 지난 661년, 쿠파에 있는 모스크에서 기도하고 있던 도중 카와라지파 암살범에게 살해 당했다. 암살범은 알리를 죽이면, 자신이 이 땅에서뿐 아니라 사후에도 영광을 얻게 된다고 믿는 사람이었다.[125] 암살범이 잡혔고, 죽어가는 칼리프 알리 앞으로 끌려왔다. 알리는 "목숨에는 목숨이다. 내가 죽거든 그를 나와 동일한 방법으로 죽여라."[126] 라고 말했다. 알리가 죽자, 그의 아들이 그의 몸을 씻겨 장례를 준비했다. 그러나 아버지 알리의 적들이 무덤과 시신을 훼손할 것을 두려워했던 그는 무덤이 어디인지 아무에게도 알리지 않았다.

제5장

무하마드 손자들의 불행한 종말

    알리가 살해당하자마자, 알리의 지지파들은 그의 큰 아들 하산(Hassan)에게 지도자 자리를 맡아 달라고 설득하기 시작했다. 그러자 시리아와 이집트 지역을 통치하고 있던 알리의 적수 무아위야(Muawiya)가 그에게 '지도자가 될 권리를 공식적으로 포기하면, 평생 동안 연금을 지급할 것이며, 보호해 주겠다'고 제안했다. 정치나 전쟁에 관심이 없었던 큰 아들 하산은 손쉽게 이 제안을 받아들였고 자신의 모든 권한을 포기하는 것에 동의했다. 그는 자신이 사랑하는 사람과 쓸 수 있는 연금과 자신의 모든 권리를 맞바꾸었던 것이다. 그래서 무아위야가 반박의 여지 없이 차기 칼리프가 되었고, 마침내 모든 무슬림들을 자신의 통치권 아래 두게 되었다. 무아위야는 자신에게 불리한 것이 있다면 아주 작은 것 하나도 남겨두지 않는 사람으로, 그런 것이 있다면 바로 행동으로 옮기는 결단력 있는 사람이었다. 그는 알리의 큰 아들 하산을 독살하도록 명령을 내림으로써 자신을 정치적으로 위협할 수 있는 어떠한 가능성도 남겨두지 않았.

    무아위야는 죽기 전, 자신의 아들 야지드 이븐 무아위야(Yazid Ibn

Muawiya)를 그의 상속자이자 후계자로 지명했다. 그리고 누구든지 이에 반대하는 사람들은 목숨을 내놓게 될 것이라고 위협했다. 그러나 메디나의 무슬림들은 알리의 큰 아들 하산은 이미 죽임을 당한 상태였기 때문에 그의 남동생 후세인(Hussein)을 후계자로 세우려고 생각하고 있었다. 무아위야에게 충성을 맹세하고 칼리프를 포기한 형과는 달리 동생 후세인은 새로운 칼리프가 된 야지드 이븐 무아위야(Yazid ibn Muawiya)에게 충성을 맹세하지 않았다.

메디나의 리더들은 후세인에게 '지도자가 되어 자신들을 이끌어 달라'고 설득했다. 그들은 "쿠파에서 이전에 알리를 지지했던 많은 사람들이 여전히 무아위야의 죽음을 바라고 있고, 메카에 있는 알리의 둘째 아들이 쿠파로 오길 원하고 있습니다. 쿠파에서 칼리프 지위에 도전할 수 있도록 도와줄 강력한 지지자들을 만날 것이고 머지않아 '아미르울모미닌(amir al-mu' minin:commander of the faithful, 대교주, 이슬람교 국가의 왕 '칼리프') 칭호를 얻을 수 있을 것입니다.'"[127]라고 이야기했다.

결국 후세인은 두 아들과 10살 된 조카 그리고 72명의 충실한 추종자들과 함께 쿠파로 떠났다. 그런데 쿠파에서 그들은 충격적인 상황을 맞닥뜨렸다. 거기엔 자신에게 오기를 간곡히 청했다던 사람들이 단 한 명도 없었던 것이다. 결론적으로 후세인을 쿠파로 오도록 설득했던 사람들이 그를 배신했던 것이다. 그와 동시에 후세인의 작은 무리는 새롭게 추대된 칼리프 야지드의 군대에 의해 공격을 당했다. 4천 명으로 이루어진 야지드의 군대가 72명으로 이루어진 후세인의 사람들과 싸우러 왔다. 야지드의 군대는 후세인 무리의 천막을 포위했고, 모든 물과 보급품을 차단시켰다. 결국 자신의 어린 아들이 탈수상태가 된 것을 보고는 참지 못한 후세인이 진지 밖으로 달려 나갔고, 야지드 군대의 장군에게 찾아가 자신의 아이에게 물을 좀 달라고 구걸했다. 그러나 장군은 그의 어린 아들의 목에 정통으로 화살을 쏘아 맞히는 것으로 응답을 대신했다. 이후, 아슈라(Ahura: 무하람, 이슬람력 제1월 AD680년 10월 10일)가 되던 날 전사들이 한 명씩 차례로 목이 잘려 죽임을 당했고, 몇몇 여성들과 아이들, 노인들은 물을 마시지 못해 목숨을 잃었다. 후세인의 두 아들과 10살 된 조카도 죽음의 칼날을 피해갈 수 없었다. 후세인도 어깨에 활을 맞고 땅에 쓰러졌고, 적들에게 에워싸였다. "야지드 군대가 모든 일을 끝냈을 때, 후세인의 몸에는 33개의 칼과 화살이 꽂혀있었다."[128]

후세인의 머리가 적장에 의해 잘렸고, 그들은 잘려진 머리를 칼리프 야지드의 궁으로 보냈다. 머리가 야지드 앞에 던져져 바닥에 굴렀다. 야지드는 후세인의 머리를 승리의 트로피처럼 잠시 동안 든 채, 재판을 주관했다. 그러나 사람들이 선지자 무하마드의 친손자의 머리를 훼손한 것에 대해 두려워하는 반응을 보이자, 야지드는 머리를 그의 몸이 있는 카르발라(Karbala)로 보내 함께 묻도록 지시했다. 살아남은 여자들과 아이들은 쇠사슬에 묶인 채 후세인의 잘려진 머리 바로 뒤를 따라 끌려갔다. 그리고 후세인을 따랐던 72명의 추종자들의 시체들은 목이 잘린 채 버려져 하이에나와 늑대들의 먹이가 되었다.

한 때, 무하마드를 사랑하고, 그의 가족들을 존경했던 무슬림들은 이제 무하마드가 극진히 사랑했던 그의 손자들을 죽이는 데 일말의 망설임도 없었다. 그리고 이 알리의 막내 아들의 죽음이 'Shia(시아)'파가 일어나는 계기를 만들었다. 이후로 알리의 추종자들은 자신들을 'Shi'ites(시아파)' 또는 '시앗 알리:알리 종파(The partisans of Ali)'라는 호칭을 써서 부르기 시작했다. 그리고 또 다른 집단은 스스로를 'Sunnis(수니파)' 또는 'Ahl al-Sunnah (아흘 수나:선지자의 전통을 따르는 사람들. 이 경우의 전통이란 선지자 무하마드가 행했던 행동, 동의했거나 비난한 실제 행동을 의미했다)'라고 불렀다. 그리고 여기까지의 이야기는 시아파와 수니파의 끝나지 않는 전쟁의 서막에 불과하다.

무슬림 공동체는 무하마드의 지휘 아래 있던 10년 동안에도 하나된 모습이 아니었다. 메카의 무슬림들과 메디나의 무슬림들 사이의 갈등과 분쟁의 씨앗은 한 번도 사라진적이 없었으나, 적어도 무하마드가 살아있는 동안에는 평화가 유지되었다. 이들에게 무하마드의 죽음은 절대로 해결되지 못하는 공동체 내부의 정치적, 이념적 차이점으로 인한 갈등의 시작을 의미했다. 무슬림 공동체는 결코 하나될 수 없는 분립의 길을 걷기 시작했으며, 시아파와 수니파의 끝나지 않는 갈등이 공동체를 이끌어가게 되었다. 무하마드가 메디나에서 산 10년 동안, 한 공동체 내의 무슬림들도 서로를 사랑하지 않았음은 분명하다. 그들 대부분은 원정과 무슬림이 아닌 사람들을 급습해 그들의 재물을 약탈하는 것에만 집중했다.

비록 무슬림들은 처음 4명의 칼리프 통치 기간을 '시범기간'으로 간주하고 있지만, 위에서 살펴본 바와 같이 4명의 칼리프들은 모두 통치권을 향한 강한 열망에 따라 행동했으며 그들의 삶과 통치기간은 기만으로 가득 차 있었고, 모두가 다 매우 편파적으로 공동체를 다스렸다. '칼리프'라는 공동체의 통치권을 쟁취하기 위한 경쟁은 순수하게 종교적인 이유가 아니었다. 그들은 칼리프로서 가질 수 있는 부과 권력을 위해 싸웠다. 그들이 칼리프 자리를 열망했던 가장 큰 이유 중 하나는 칼리프가 원정에서 무슬림들이 아닌 사람들에게 빼앗은 현물, 전리품 그리고 무슬림들에게 거둬들인 세금 등을 마음대로 사용할 수 있기 때문이었다. 또한 칼리프는 자신이 원한다면, 누구에게나 원하는 방식대로 재물을 나눠줄 수 있는 권한도 가지고 있었다.

이슬람의 창시자인 무하마드는 폭력적인 운동을 시작한 장본인이자 무슬림들에게 증오의 씨앗을 뿌린 당사자이기도 했다. 그리고 이 씨앗들이 자라기 시작하자, 그들이 맺는 열매는 좋은 열매가 아니라 엉겅퀴였으며 무슬림 자신들에게도 끔찍한 가시가 되었다. 심지어 무하마드의 직계 가족들조차 무하마드가 무슬림이 아닌 사람들에게 행했던 이 폭력과 증오의 엉겅퀴 속에서 빠져나갈 수 없었다. 성경에는 예수가 검을 가진 자는 검으로 망한다고 이야기했던 구절이 있다.(마태복음 26장 52절:이에 예수께서 이르시되 네 검을 도로 집에 꽂으라 검을 가지는 자는 다 검으로 망하느니라)

살아있는 동안, 무하마드는 수천 명을 칼로 베어 죽였다. 그리고 생의 마지막을 독에 중독되어 고통 속에서 보냈다. 그의 장인 또한 칼에 목숨을 잃었으며, 그의 두 사위도 바로 무하마드 자신의 지지자들에게 학살당했다. 그의 손자들과 증손자(하산과 후세인의 아들들)들 또한 무하마드의 가장 헌신된 추종자들에게 죽임을 당했다.

전 세계 무슬림들 중 85~90퍼센트가 수니파(Sunnis)고, 오직 10~15 퍼센트만이 시아파(Shias)로 이루어져있다. 무하마드가 세상을 떠난 이후로, 시아파와 수니파는 지금까지 계속해서 죽고 죽이는 싸움을 해 오고 있다. 이 둘 사이의 피 흘리는 싸움에는 제한도, 경계도 그리고 끝도 없다. 우리는 하루 걸러 한 번씩 극단적인 수니파 무슬림들이 시아파 모스크에 폭탄을 터뜨렸다던지, 여자와 아이들을 끔찍하게 살육했다는 소식을 접하고 있다. 그리고 시아파 민병들이 일어나 동일하게 잔학한 행위로 대응했다는 것을 읽고, 듣고, 보고 있다.

'정통성 있는 칼리프들(Rightly Guided Caliphs)'로 알려진 무하마드의 초기 후계자들 4인

선지자 무하마드(Prophet Muhammad)

632년 죽음

↓

아부 바카르(Abu Bakr)

(무하마드의 장인, 아내 아이샤Aisha의 부친)

634년 죽음

↓

우마르 이븐 을-끼땁(Umar Ibn al-Khattab)

(무하마드의 장인, 아내 하프사Hafsa의 부친)

644년 노예에게 살해 됨

↓

우스만 이븐 아판(Uthman ibn Afan)

(무하마드의 사위,

무하마드의 두 딸 루까이야Ruqqayya와

움메 쿨툼Umm Khultum의 남편)

656년 정치적 반대 세력에게 살해 됨

↓

알리 이븐 딸리브(Ali ibn Abi Talib)

(무하마드의 사촌이자 사위, 무하마드의 딸 파티마Fatima의 남편)

661년 정치적 반대 세력에게 살해 됨

SECTION 4

이슬람의 정복전쟁 그리고 개종하지 않은 이들의 운명

제1장 : 시리아 - 팔레스타인 · 167
제2장 : 페르시아 · 179
제3장 : 아르메니아 · 181
제4장 : 인더스 · 183
제5장 : 이집트 · 186
제6장 : 북아프리카(마그레브) · 189
제7장 : 이베리아 반도 · 192
제8장 : 결론 · 197

평화의 탈을 쓴
혈전의 종교
이 슬 람

무하마드가 죽기 전까지 무슬림들은 사우디아라비아의 히자즈(Hijaz) 지역을 완전히 정복했다. 그리고 정복한 지역에서 타 종교를 믿는 자들은 죽든지 이슬람으로 개종하든지 둘 중 하나를 선택해야만 했다. 또한 기독교인, 유대인, 조로아스터교도(Zoroastrians)들은 그들의 생명과 종교의 자유를 보장받기 위해 조세를 바쳐야 했으며, 그들이 살고 있는 땅은 알라에게 속했다고 선포해야 했다. 무슬림 지도자들은 이슬람을 믿지 않는 사람들을 그들의 개인 사유지에서도 자신들의 재량으로 마음대로 쫓아낼 수 있는 권한이 있었다.

무하마드와 함께 시작된 무슬림들의 정복 전쟁의 역사는 부와 권력을 향한 욕망과 연결되어 있었고, 이슬람 지상주의를 설립하기 위한 열망과 관계가 있었다. 무슬림들의 초기 정복의 특징 중 하나는 전쟁의 목적이 '돈, 옮길 수 있는 물건들, 노예들' 과 같은 노획물 획득을 위한 것이었다는 것이다. "사람들을 전리품으로 삼는 것이 그들에게는 항상 중요한 일이었고, 특히 (개종한 무슬림 부족인) 북아프리카의 베르베르 부족(Berber North Africa)에게는 이것이 지배적인 보상의 방식으로 확립되어 온 것 같아 보인다."[129]

페르시아(Persians)와 비잔틴제국(Byzantines)을 향한 기습공격과 원정은 무하마드가 살아있을 때부터 시작되었으나, 본격적인 정복은 그가 죽고 얼마 되지 않았을 때부터 후계자들이 그의 뜻을 따르며 가능하게 되었다. 이슬람 제국은 이웃 국가들을 차례로 정복하며 순식간에 세력을 확장했다. "이슬람의 첫 번째 정복 대상은 북동쪽의 아르메니아(Armenia)의 기독교인들이었다. 그 후, 북아프리카(North Africa), 스페인, 프랑스 서부의 푸아티에(Poitiers)까지 공격했고, 이탈리아의 알프스까지 정복하였다. 또한 무슬림들은 페르시아의 사산왕조(Sassanian Persia)를 제압했으며, 인도 북서부의 인더스(Indus) 강 유역까지 그 영향력을 뻗쳐나갔다.

무슬림들은 가장 유명하고 중요한 문명들과 전쟁을 통해 긴밀한 접촉을 하며 뻗어나갔던 것이다."[130]

제1장

시리아 - 팔레스타인

　우리가 첫 번째 섹션에서 살펴본 바와 같이, 무하마드는 선지자로 계시를 받은 초창기에 시리아를 방문했었다. 또한 바히라(Bahira)가 무하마드가 마지막 선지자가 될 것이라고 예언했던 사건도 시리아에서 일어났던 일이었다. 무하마드는 자신이 성장하는 동안 그리고 무역업에 종사하면서 여러 차례 시리아를 방문했었다는 얘기를 했다고 기록되어있다. 따라서 시리아는 무하마드에게 매우 익숙한 땅이었고, 그는 당시 시리아가 누리고 있던 번영에 대해 잘 알았음이 틀림없다. 23년을 선지자로 살아온 무하마드는 생을 마감하기 전까지, 아라비아 반도의 대부분을 정복했기 때문에 아라비아에는 더 이상 그가 약탈할만한 부족들이 남아있지 않았다. 그 결과, 그는 무슬림들에게 충분한 자원과 보상을 제공하기 어려워졌고, 마지막엔 북쪽 시리아로 눈을 돌리게 되었다.

　무하마드가 시리아를 목표로 삼은 분명한 몇 가지 이유가 더 있었는데, 그곳이 자신에게 익숙한 지역이기도 했고 아랍 상인들이 정기적으로 그곳을 방문한다는 이유도 있었지만, 무엇보다 "시리아가 아라비아보다 훨씬 더 비옥했으며, 다마스커스(Damascus)를 포함한 크고, 인상적으로 잘 발달된 도시들이 많았기 때문이었다."131 당시 시리아는 비잔틴 제국(동로마제국)의 한 주(州)로, 비잔틴 제국의 통치를 받으며 이집트 지역과 더불어 완전히 기독교의 영향을 받는 곳이었다. 기독교가 그 지역의 근간을 이루고 있었을 뿐 아니라 거기엔 예수의 제자들이 처음 기독교로 부름을 받았던 도시 안디옥(Antioch: 터키남부의 도시, 고대 시리아 왕국의 수도. BC300~64)도 있었다.

무하마드는 죽기 2년 전, 시리아로 규모가 작은 두 팀의 원정대를 보냈으나 그리 성공적이지 못했다. 그때 그는 전리품만을 원했던 것으로 보이는데, 그 두 번의 원정에서 모두 참패했고 원정을 떠났던 많은 무슬림들은 도망치거나 죽었다. 이 두 번의 참패로 많은 무슬림들을 잃었음에도 불구하고, 무하마드는 시리아를 공격하기 위한 대대적인 원정 준비를 지속하였다. 그러나 준비 도중 무하마드에게 때이른 죽음이 찾아왔고, 원정 준비는 갑작스레 중단되어 버리고 말았다.

시리아인이었던 마이클(Michael) 또는 총대주교 마이클(Michael the Great:1166-1199, 시리아 동방 그리스정교회 총대주교)로 알려진 이가 자신의 책 '역대기(The Chronicle)'에서 무하마드의 세력이 어떻게 확장되었는지에 대해 다음과 같이 설명했다.

(무하마드는) 팔레스타인(Palestine)을 공격하기 위해 자신

의 군대를 조직하기 시작했는데, 무슬림들이 자신을 믿고 전투에 참가하도록 강하게 설득했기 때문에 더더욱 빈손으로 돌아올 수 없는 상황이었다. …… 그는 메디나를 떠나 수 차례 아무런 손해 없이 여러 지역들을 점령해 나갔고, 약탈을 마친 후엔 노획물을 잔뜩 싣고 돌아왔다. 무하마드의 가르침은 소유물에 대한 애착을 더욱 갖도록 하는 것이었기에, 노획물을 더욱 사랑하게 된 무슬림들은 정기적으로 약탈을 일삼게 되었다. 곧 그의 군대는 여러 나라들을 침략하고 약탈하기 시작했다.[132]

우리는 앞서 어떻게 무하마드가 자신의 생애 동안, 그리고 아랍제국(이슬람제국)의 시초부터 다른 모든 종교들을 파괴하고, 노예로 삼고, 약탈하고, 훔치고, 공격하고, 정복했는지를 살펴 보았다. 그러나 무하마드의 죽음이 무슬림들의 정복과 원정이 끝났다는 것을 의미하지 않았다. 왜냐하면 그의 후계자들 또한 계속해서 그의 발자취를 따랐기 때문이다. 그러나 무하마드가 죽었을 때, 무슬림들 사이에는 엄청난 변화가 일어났다. 당시 베두인 족들은 무하마드의 강요로 인해 대다수가 개종한 상태였다. 그러나 그들은 자신들이 지고 있던 과도한 의무에서 벗어나고 싶어했다. 무하마드가 죽자, 많은 베두인 부족들이 더 이상 메디나로 자카드(Zakat:세금)를 보내지 않았다. 그리고 결국 그들은 첫 번째 칼리프 아부 바카르와 맹렬하게 싸우게 되었다. 무슬림들과 베두인 족의 싸움은 "Ridda Wars(War of

Apostasy:배교의 전쟁)"라고 알려져 있다. 아부 바카르는 무슬림 변절자인 베두인 족들을 통제하면서 동시에 무하마드가 계획했던 시리아 침략을 체계적으로 준비했다.

"알라여, 모든 찬양을 홀로 받아 주소서! 그리고 당신의 전달자(무하마드)에게 안부를 전해 주소서.
알라의 사도(무하마드)께서 시리아를 향해 지하드를 일으키는 것을 계획하셨다. 그리고 그를 위해 열정을 다해 노력하셨으나 알라께서 그분을 천국으로 부르셨다……나는 이제 시리아로 군대를 보내 알라의 사도의 뜻을 이어 믿지 않는 자들을 멸하려 한다. 그리하여 그들이 우리의 가는 길에 어떠한 장애물도 되지 않도록 할 것이다. 누구든지 지하드로 싸울 사람들은 지체하지 말고 알라께 순종하라! 그리고 모든 준비를 마쳐라! "가벼운 것을 가진 자도 무거운 것을 가진 자도 (가볍고 무거운 것은 무장의 종류를 가리킴) 출정하라! 알라의 길을 위해 생명과 재산을 내던지고 싸우라……"(코란 9장41절) 133
너희는 십자가를 숭배하는 사탄에 속한 사람들을 만날 것이다. 그들은 머리카락 가운데를 밀고 자신들의 두개골을 드러낸 사람들이다. 그들의 목을 쳐라. 그들이 이슬람을 받아들이고, 지즈야(Jizya:인두세)를 내고, 수치를 당하도록 만들어라. 이제 나는 너희들을 알라의 손에 맡긴다. 그가 너희를 보호할 것이다." 라고 말하며 시리아 침공을 독려했

다.[134]

아부 바카르는 사람들이 자신을 따라 시리아를 침략할 수 있도록 하기 위해 그들을 꾀어낼 방안을 모색했다. 그는 "비잔틴 제국으로부터 얻게 될 전리품"을 약속하며 지하드(Jihad)를 모집했다.[135]

결국 638년, 비잔틴제국에 속한 시리아의 한 지역이었던 팔레스타인(Palestine)이 두 번째 칼리프가 된 우마르에게 항복했다. 비잔틴 제국의 방어벽인 팔레스타인이 무너지면서 아랍제국은 시리아를 침략할 수 있는 길을 얻게 되었다. 이 침략으로 인해 "전체 가자(Gaza)지구부터 카이사레아(Caesarea:이스라엘 서북부에 있는 고대의 항구도시, 로마령 팔레스타나의 주도)까지 약탈을 당했고, 634년에 있었던 군사작전으로 이 도시들이 완전히 파괴되었다. 자신들의 영토를 지키려 했던 4,000명의 유대인, 기독교인 그리고 사마리아인(Samaritan) 소작농들이 살육당했다. 아랍인들이 교외지역을 점령하는 동안 아마르 이븐 을-아쓰(Amr b. al-As)는 네게브(Negev)의 마을들 또한 강탈했는데, 그는 마을의 모든 연락수단을 끊어버리고 그들의 도로를 파괴했다. 그로 인해 예루살렘(Jerusalem), 가자(Gaza), 자파(Jaffa), 카이사레아(Caesarea), 나블루스(Nablus) 그리고 벳스안(Beth Shean)과 같은 지역들이 고립되었고 그들의 성문을 닫아걸었다."[136] 다른 시리아인의 목격담에 의하면, "아랍인들은 많은 사람들을 죽였고 그들의 마을은 폐허가 되었다 ……그리고 많은 이들을 포로로 끌고갔다."[137]

아랍의 침략군들에 의해 일어난 이 모든 파괴에 대해 예루살렘의 총대주교 소프로니어쓰(Sophronius)는 636년 공현 대 축일에 그의 설교에서 교회들과 수도원들의 파괴, 약탈당한 마을들, 경작되지 못하고 있는 황폐화 된 농경지들, 그 땅의 유목민들에 의해 불타버린 마을들에 대해 비통해했다. 같은 해, 콘스탄티노플(Constantinople)의 대총주교 세르기우스(Sergius)에게 그가 보낸 편지에서 그는 아랍인들이 초래한 이 참화에 대해서도 다음과 같이 언급했다. "639년, 몇 천 명의 사람들이 끔찍하게 죽었고, 파괴된 지역에서 발생한 기근과 전염병으로 인한 희생자들도 엄청났다."138 시리아가 붕괴하면서 돌기 시작한 전염병은 굉장히 고질적인 풍토병으로, 그 병으로 인해 "(아랍 진영의) 유목인 정복자들의 상당수와 군대를 이끌고 있는 무슬림 장군들도……죽임을 당했다."139 그러나 어려운 환경에도 불구하고 곧 새로운 무슬림 지도자가 시리아로 파견되었다. 오래 지나지 않아 비잔틴 군대는 시리아를 포기했고, 시리아를 정복한 무슬림 칼리프는 시리아의 다마스커스(Damascus)를 이슬람 제국의 새로운 수도로 정했다.

시리아인이었던 마이클(Michael the Great)의 저서 '역대기'에 따르면, 시리아 여자들과 아이들은 노예가 되었고 무슬림들은 조직적으로 약탈을 행했다. "아랍인들은 갈수록 부유해졌고, 자신들이 로마령(비잔틴령)에서 빼앗아 점령한 지역에서 그 수가 넘쳐나기 시작했다."140 레바논(Lebanon)의 도시들 베이루트(Beirut), 티레(Tyre), 시돈(Sidon), 트리폴리(Tripoli) 또한 모두 점령당했다. 634년 아마르 이븐을 아쓰가 리비아(Lybya)의 트리폴리(Tripoli)를 정복했을 때, "그는 유대인들과 기독교인 베르베르 부족원들을 자신의 아내와 아이들, 아랍 군인들에게 노예로 주었는데, 이는 지즈야(Jizya:인두세)의 일부였다."[141] 다마스커스 침략 이후에 관한 마이클의 기록을 보면, "우마르는 군대와 칼리드 빈 왈리드를 알레포(Aleppo)와 안디옥(Antioch) 지역으로 보냈다. 그리고 거기에서 어마어마한 사람들을 죽였다. 무슬림 군대로부터 누구도 도망칠 수 없었다. 시리아가 당하고 있던 고통이 얼만큼이었는지는 정확히 알 수 없지만, 그 희생의 크기가 셀 수 없을 정도로 엄청났다. 아랍(Taiyaye)은 거대한 (알라)신의 분노의 회초리였다."[142] 라고 한다.

(비잔틴 제국의) 헤라클레이오스 황제가 무슬림 군대의 진격을 막기 위해 군사들을 보냈다. "몇 달간의 소규모 접전 끝에, 아랍 군대는 마침내 비잔틴 군대를 꾀어 야르무크 강(Yarmuk River) 협곡 한가운데로 몰아넣었다. 이곳은 오늘날의 요르단 서북부에 있는 강으로 서쪽으로 흘러 요르단 강으로 흘러들어가며, 당시 시리아와 이스라엘의 고대도시 골란(Golan)의 사이로 흘렀다." 승리는 무슬림들의 편에 있었다. "사막에서 바람이 불어오기 시작했고, 바람에 모래와 먼지가 섞여 있었다. 하늘은 점점 더 어두워지고 있었다. 모래가 섞인 공기는 굉장히 답답했고 숨쉬기가 어려울 지경이었으며, 몇 미터의 거리도 잘 보이지 않는 상황이었다."[143]

모래폭풍이 비잔틴의 군사들의 시야를 가렸고, 모든 상황이 무슬림들에게 완전히 유리했다. 무슬림들은 완벽한 태세를 갖추고 공격을 위해 출전했다. 그들은 모래폭풍에 익숙했고, 폭풍이 불 때 어떻게 움직여야 하는지, 폭풍에 어떻게 대응해야 하는지 알고 있었다. (기독교인인) 비잔틴군인들은 "패닉 상태에 빠졌고, 야르무크 절벽 위에서 허둥지둥 했다. 전투의 막바지에 이르러 칼리드(Khalid)는 비잔틴 군인들의 퇴각로를 끊어버렸다. 이 사실을 알게 된 비잔틴의 군인들은 매우 지쳐 기진맥진한 채 그들의 망토 위에 뻗어버렸다. 그리고 그들을 발견한 무슬림들은 이 무르익은 살육의 기회를 놓치지 않았다."144 무슬림들에게 자비라곤 없었다. 그들은 가차없이, 하나도 남기지 않고 모든 군인들을 죽였다. 심지어 그 전투에서 비잔틴황제의 동생도 목숨을 잃었다. 새벽이 될 때까지 어마어마한 시체들이 땅 위에 쌓였다. 무슬림들은 시체에서 쓸만하고 값나가는 모든 것들을 벗겨냈고, 사체는 까마귀와 다른 동물들에게 남겨둔 채 떠났다.

그 후, 아마르 이븐 을 아쓰(Amr ibn al-As)와 칼리드 빈 왈리드(Khalid bin Walid)가 이끄는 무슬림 군대들이 예루살렘을 포위했고, 양측의 대치는 6달 동안 지속되었다. 대 총주교 소프로니어쓰(Sophronius)는 칼리프 우마르가 기독교인들의 보호와 관용을 보장하겠다고 동의하기 전까지 무슬림 침략자들에게 항복하지 않고 끝까지 버텼다. 다음해, 칼리프 우마르가 도시의 항복을 받기 위해 예루살렘을 방문했고, 기독교인들과 무슬림들은 조약에 서명했다. 우마르와 대 총주교 사이의 조약을 통해 기독교인들은 목숨, 사유재산, 교회를 보호받을 수 있게 되었고, 대신에 항복의 의미로 세금(Jiziya:지즈야)을 납부하게 되었다. 그러나 마치 과거 아라비아 반도에서 유대인들을 추방한 것과 같이 무슬림들은 이번에도 유대인들이 예루살렘에 정착하는 것을 금지하였다. 결과적으로 이 조약을 통해 소프로니어스는 우마르에게 거룩한 도시(Holy City)로 가는 열쇠를 준 것이 되었다.

무슬림들이 예루살렘을 점령한지 60년이 지난 후, 칼리프 압둘 말리크(Abd al-Malik)가 오래전에 파괴된 유대인 성전에 '바위의 돔(Dome of the Rock)'을 설치했다. 그리고 예루살렘은 무슬림들에게 메카와 메디나에 이은 가장 거룩한 도시 중 하나가 되었는데, 이는 무하마드가 야간여행(Night Journey)를 통해 짐승의 등에 올라 타 이 성전 산(Temple Mount)에 날아왔던 적이 있기 때문이었다. 이때까진 예루살렘에 이슬람제국의 모스크가 없었으나, 압둘 말리크의 아들 왈리드가 예루살렘의 성전 산 남쪽 경계지역에 매일 드리는 기도의 장소로 "알-악사 사원(al-Aqsa:the Further Mosque, 가장 먼 모스크)"을 건축했다. 참고로 유대인들은 이 사원에서 예배 드리는 것이 금지되었다.

우마르가 조약의 주요 내용으로 기독교인들에 대한 안전을 보장하겠다고 했음에도 불구하고, 그리스 자료들에 의하면 '아바스 조(Abbasid, 75-755 CE)'의 무슬림 통치 기간 동안 통치자들은 기독교인들에게 "교회의 십자가를 모두 없애고, 예배 및 성경공부를 금지했으며 수도원에서 수도승들을 축출하고, 과도한 세금을 징수했다."¹⁴⁵ 772년 칼리프 알-만수르(al-Mansur)가 방문했을 당시의 기록에 의하면, 그는 "기독교인들이나 유대인들이 그들의 손에 특별한 표식을 새기고 다닐 것을 명령했다."¹⁴⁶ 이러한 일들로 인해 많은 기독교인들이 비잔티움(Byznatium: 콘스탄티노플의 옛 이름, 지금의 이스탄불 Istanbul)으로 도망쳤다.¹⁴⁷

모셰길(Moshe Gill)의 기록을 보면 당시 기독교인들이 받았던 막중한 핍박에 대해 알 수 있다.

"한 자료에 무슬림이었다가 기독교인으로 개종해 사제가 된 사람에 대한 이야기가 남아있다. 그는 자신의 이름 또한 '크리스토퍼러스(Christophorous)'라고 개명했다. 그는 789년 4월 14일 사형을 당했고, 그 시기에 베들레헴 근처의 성 테오도시우스(St. Theodosius) 수도원이 아랍의 공격을 받았다는 증거자료가 남아있다. 수도원은 약탈당했고, 사제들은 학살당했고 일부는 도망쳤다. 공격자들은 수도원 근처의 교회 두 곳도 파괴했다.

당시 사건에 대한 교회 기록에 보면, 796년 발발한 부족전쟁 동안 수도원 공격은 유대의 산속에 있는 수도원들로까지 번졌다고 한다 …… 거주민들이 벧 구브린(Bet Guvrin)을 버리고 도망한 후 아랍의 포로로 잡히는 동안, 공격은 아스칼론(Ascalon), 가자(Gaza) 그리고 그 외 지역에서 계속되었다. 모든 지역이 약탈과 파괴에 시달렸다."¹⁴⁸

칼리프 하룬 알-라지드(Harun al-Rashid)가 죽은 후, 형제였던 알-아민(al-Amin)과 알-마문(al-Ma'mun) 사이에 동족상잔의 비극이 일어났다. 그리스 역사가 테오파네스(Theophanes)에 의하면 "……이 사건은 기독교인들의 엄청난 고통을 야기시켰다. 예루살렘에 있는 많은 교회와 수도원들 그리고 키리아크(Cyriac), 테오도시우스(Theodosius), 카리톤(Chariton), 에우티미오(Euthymius) 그리고 마르 사바(Mar saba)와 같은 그 주변지역들이 황폐화되었다. 4년이 흐른 813년, 기독교인들, 수도원의 사제들, 심지어 평신도들까지도 아랍의 내전으로 인한 끔찍한 압제를 피해 팔레스타인에서 도망쳐 사이프러스, 콘스탄티노플 등 피난처를 찾을 수 있는 곳으로 이동해 갔다."[149] 테오파네스는 "팔레스타인은 살육과 강간, 살인의 장이었다."[150] 라고 기록했다.

그 후 알-무뜨와낄(Al-Mutawwakil:847-861)의 칼리프 재임기간 동안 기독교인들은 그들의 옷 위에 파란색 조각을 붙이고, 유대인들은 노란색 조각을 붙이라고 강요받았다. 기독교인들과 유대인들과 연관된 코란 구절들은 사탄과 지옥과 관련시켜 생각하며 진실한 종교를 변질시켰다. 알-무뜨와낄은 또한 기독교인들과 유대인들에게 무슬림들의 집과 구별하기 위해 그들의 집 문에 악마의 모습을 한 나무 조각을 붙이라고 칙령을 공포했다.

모세길(Moshe Gill)의 기록에 의하면 무슬림들은 "937년 3월 26일 종려 주일(Palm Sunday:기독교에서 부활절 직전의 일요일)에 예루살렘을 공격했다. 그리고 그들은 콘스탄틴의 교회의 남쪽 문과 담화실 반을 불태웠다. 그 결과 '골고다 교회(the Church of Calvary)' 와 '부활의 교회(the Church of the Ressurection)' 가 붕괴되었다."151 두 교회 모두 강탈당했다. "동시에 무슬림들은 아스칼론(Ascalon)을 또다시 공격했다. 야히야 빈 사이드(Yahya b. Sa' id)에 따르면 공격은 'Mary the Green' 이라고 알려진 대 교회에 행해졌다. 그들은 교회를 파괴했고 그 안에 있는 모든 것들을 약탈한 후, 교회를 불태웠다.……교회는 폐허가 되었고, 아스칼론에 살고 있는 무슬림들은 그 교회를 다시 세우는 것을 결코 허락하지 않으리라고 합의했다."152

966년 새로운 칼리프 압둘 미스크 까푸르(Adul-Misk Kafur)가 권력을 장악했을 때, 그가 파견한 예루살렘의 새로운 총독은 "기독교인들의 목을 옥죄기 시작했고, 그들에게 더 많은 조세를 바치라고 요구했다. 총 대주교 요한(John)이 이 일에 대해 까푸르에게 도와달라고 간절히 요청 했으나,153 그 결과로 요한은 붙잡혀 화형대에서 처형을 당했다. 알하킴의 임기 동안 유대인들과 기독교인들을 향한 더욱 많은 규제들이 시행되었고, 핍박이 더욱 극심해졌기 때문에 많은 이들이 이슬람으로 개종하거나 이슬람의 압제를 피해 비잔티움으로 이주해갔다.

그리고 996년, 따리끄 알-하킴(Tariq al-Hakim)이 칼리프가 되었을 때, 그는 모든 기독교 교회들을 불태워버리라고 명령을 내렸고, 기록에 의하면 그 때 대략 "3만개의 교회들이 불타거나 강탈당했다."154 예루살렘에 있는 '성묘교회(Church of the Holy Sepulchre)' 도 약탈당했고, 완전히 파괴되었으며 강제로 모스크로 개조되었다.

제2장

페르시아

시리아를 정복하자마자 아랍제국은 곧바로, 오늘날 이라크(Iraq)로 알려진 페르시아의 메소포타미아(Persian Mesopotamia) 지역을 공격했다. 페르시아 사람들이 무슬림 군대에게 맹렬하게 대항했음에도 불구하고 몇 년 후, 칼리프 알-만수르(Al-Mansur)는 승전하였고 무슬림 제국의 수도를 다마스커스(Damascus)에서 이라크로 옮겼다. 그들은 새로운 도시를 건설했고, 도시 이름을 "평화의 도시(Madina al-Salam)"라고 지었으나, 사람들은 보통 "바그다드(Baghdad)"라고 불렀다.

무슬림들은 이란의 도시 중 하나인 수사(Susa:이란 서부에 있는 유적, 고대 Elam의 수도. 여기서 함무라비 법전이 씌여 있는 석비가 발견되었다)도 빼앗았다. 당시 이 도시는 큰 기독교 공동체의 본거지였다. 무슬림들은 수사에 있는 페르시아 귀족들을 몰살했고, "선지자 다니엘의 묘(House of Mar Daniel)를 장악했다. 그리고 다리우스(Dairus:고대 페르시아의 왕 BC558~486)왕과 키루스 2세(Cyrus: 페르시아 제국의 건설자BC559~529) 때부터 그들의 명령으로 선지자 다니엘의 묘에 보관해 오던 보물들을 빼앗아 갔다. 무슬림들은 은색 관을 열어 미라로 된 시체 또한 가져갔다. '많은 사람들이 그것을 선지자 다니엘의 시신이라고 말했으나 어떤 사람들은 그것이 다리우스(Darius)의 미라라고 주장한다.'"155

무슬림들의 수사 침공 후, 2년 동안 저항하던 도시 슈스타르(Tustar or Shustar)도 마침내 함락되었다. 이때 이 도시의 주교, 학생들, 목회자들 그리고 부제(집사)들이 모두 죽임을 당했다.

모로니의 마이클이 기록한 것을 보면, "…… 이라크의 수많은 여자와 아이들이 포로로 잡혔고, 다른 전리품들과 함께 메디나로 보내졌다."156 티그리스(Tigris)와 유프라테스(Euphrates)를 따라 네스토리우스 교파(Nestorian)와 그리스도 단성론자(그리스도는 신성神性과 인성人性이 하나로 결합된 단일성을 갖는다고 주장하는 사람. 기독교인)들의 수도원들이 습격을 당했다. "사제들은 죽임을 당하거나 옥에 갇혔다. 그들은 피난처를 찾아 어디든지 옮겨 다녔다. 매우 많은 수의 단성론자들이 죽임을 당하거나 노예가 되었고, 이슬람으로 개종하였다."157

제3장

아르메니아

이후 무슬림 군대는 페르시아 제국의 다스림을 받고 있는 아르메니아의 동쪽으로 진격했다. "유케이타(Euchaita) 지역의 모든 주민들은 무슬림들에게 칼로 베어 죽임을 당했다. 도망친 사람들은 붙잡혀 모두 노예가 되었다."158

한번은 무슬림들이 "(아시리아의) 높은 계급에 속한 페르시아인의 결혼식"159 을 매복하였다가 공격한 일이 있었다. 그 때 그들은 남자들은 다 죽였고, 여자들은 죄수로 잡아갔다. 아시리아(Assyria:서남아시아의 고대 제국)의 주민들은 전멸되었고, 남은 사람들의 대다수는 강제로 이슬람으로 개종 당했다. 이후 약 18,000명의 무슬림들이 "다론(Daron: Van 호수의 남서쪽) 지구를 공격했다. 이들은 주민들의 목을 베었고, 그로 인해 강물이 핏물이 되어 흘렀다. 그곳에서도 무슬림들은 조세를 거둬들였고, 여자와 아이들을 강제로 데려갔다."160

642년, 무슬림 군대는 드빈(Dvin)으로 진격해 갔다. 그들은 이 도시를 급습해 "12,000명의 거주자들을 살육했고 35,000명을 노예로 사로잡아 갔다."161 주교 세베오스(Sebeos)의 기록에 의하면 대략 35,000명의 포로들이 무슬림들의 땅으로 끌려갔다. 다음 해에도, 정복되지 않은 아르메니아 지역이 또 한 번 무참히 공격을 당해 많은 사람들이 포로로 잡혀갔다.

아르메니아의 고통은 이것으로 끝이 아니었다. 939년에서 940년까지 무슬림 공동체는 새로운 지도자 세이플 덜라(Sayf al-Dawla)가 권력을 잡았는데, 그는 무슬림이 아닌 사람들을 극도로 싫어해 전쟁을 일으키는 것으로 유명한 사람이었다. 그는 아르메니아의 무쉬(Mush) 지역과 코로네이아(Coloneia) 지역 그리고 그 주변 마을들을 황폐화시켰다. 그리고 10년 후에도 아르메니아는 무슬림의 공격에서 자유롭지 못했다. 그들은 멜리테네(Melitene:터키 중부의 도시 말라티아의 고대명) 지역을 공격해 불태우고 포로들을 잡아갔다. 또한 "아르메니아의 하라산(Harsan)과 사리하(Sariha) 지역도 공격했으며 몇몇 요새들을 점령해 남자와 여자들을 포로로 잡아갔다. 그리스(Greek)의 외곽지역 또한 대학살과 방화 그리고 대대적인 파괴를 당했다."162 카파도키아(Cappadocia:소아시아 동부의 고대국가)와 하르푸트(Harput or Kharput)도 해를 입었다. 무슬림들은 도시를 불태우고 여자와 아이들은 노예로 잡아갔다. 무슬림 지도자들은 아르메니아의 불신자들에게 지즈야(Jiziya)를 부과했을 뿐 아니라 이슬람으로 개종할 것을 강요했다. 아르메니아를 향한 무슬림들의 맹공격은 20세기 오스만 제국(Ottoman Empire)의 통치 때에 최고조에 이르렀다. "아르메니안 홀로코스트(Armenian Holocaust)"라고 알려진 아르메니아인 대량학살 사건을 통해 150만의 아르메니아 사람들이 세계 1차 대전 전, 후를 거치며 조직적으로 몰살당했다.163 아르메니아인들은 이슬람의 통치 내내 크게 고통을 당했다.

제4장

인더스

　페르시아와 동쪽 아르메니아를 점령한 무슬림 군대는 최종적으로 인더스 문명(근대의 파키스탄 지역)을 정복하기 위해 진군했다. 그리고 몇 세기에 걸쳐 인더스에서부터 마침내 인도(India) 깊숙한 지역까지 점령해나갔다. 무하마드 빈 까심(Muhammad b. Qasim)이 이끄는 무슬림 군대는 신드(Sind:파키스탄 남동부 Indus 강 하류 지역,인더스 문명의 중심지)를 함락했고, 요새 같은 도시인 인더스 강 인근의 카라치(Karachi: 파키스탄 남부 신드 주州의 주도州都)를 향해 계속 행진해나갔다. 신드의 왕 다히르(Dahir)는 무슬림 침략자들에 완강하게 저항했다. 도시는 성벽을 높게 쌓아 올려 방어태세를 구축해놓고 있었기에 무슬림들은 성벽을 부수지 못하고 고전했다. 그러나 그들은 곧 사다리를 이용해 가파른 벽을 올라가 공격했고 마침내 길을 뚫었다. 성벽은 일단 한번 뚫리자 도시는 순식간에 무력화되었다.

　"다히르 왕의 신하들은 모두 달아났고, 성 안에서는 3일 동안 학살이 있었는데 무엇보다 성전의 모든 제사장들이 떼죽음을 당했다." 164 사원에 피신해 있던 약 700명의 아름다운 여성들이 사로잡혔고, 사원은 침략자들에 의해 더럽혀졌다. 무슬림과 신드 군대의 마지막 전투에서 다히르 왕이 잡혔고, 목이 잘려 죽임을 당했다. 이것을 본 많은 신드 여자들은 적들에게 포로로 잡히는 대신 자살을 택했다. 그녀들은 "우리가 할 수 있는 가장 최선의 것은 스스로 불타 재가 되어 저 세상으로 먼저 간 우리 남편들을 최대한 빨리 만나는 것이다!"라고 말했다고 기록되어 있다.[165] 30명 정도의 어린 여자 귀족들이 포로로 잡혀 하자즈(Hajjaj)로 보내졌고, 군대를 이끌던 수장 다히르 왕과 최전선에서 싸우던 6,000명의 군인들이 대학살을 당했다.

카라치의 몰락 후, 무슬림들은 다른 부유한 도시를 공격했다. 물탄(Multan:파키스탄의 중부, 펀자브 주 서부에 있는 도시)이라는 다음 목표지는 많은 순례자들이 찾는 성전이 있는 도시였다. 무슬림들은 물탄을 포위했으나 안으로 침입하진 못했다. 그러나 성안으로 유입되는 물을 끊어버리자 사람들은 항복할 수밖에 없었다. "싸울 수 있는 나이의 남자들과 제사장들은 모두 죽임을 당했고, 여자와 아이들은 노예가 되었다. 이 지역을 점령하면서 무슬림들은 방대한 양의 금을 손에 넣었다."[166]

인도에 있던 힌두교도들과 불교신자들은 무자비한 학살을 당했고, 노예로 전락했다. "이것은 전례가 없는 굉장한 규모의 폭력이었다. 이러한 대학살은 이전엔 한 번도 일어난 적이 없던 것이었다. 추정자료에 의하면 5천만 명의 힌두교도와 불교신자들이 이슬람 정복전쟁과 통치 초반에 죽임을 당했다. 이러한 살상은 역사에 전무후무한 규모였고, 현대에 들어서도 이와 비슷한 규모의 학살은 드물다."[167]

연대기 작자 우뜨비(Utbi)에 의하면, 인도의 북부지역에는 수천 개의 힌두신전이 있었는데, 그곳들 중 솜나트(Somnath) 신전에 무슬림들의 맹렬한 공격이 가해졌다. 그리고 무슬림 군대가 솜나트를 공격한 당일에만 무방비 상태였던 5만 명의 힌두교도들이 가족들이 지켜보는 눈앞에서 학살을 당했고, 노예가 되었다고 한다. 무슬림들은 완전히 폐허가 된 신전에서 "이백만 디나르(Dinar) 이상의 가치가 있는 금과 보석들"168 을 빼앗았다. "침략자들은 신의 이름으로 사람들을 죽이고, 강간하고 노략질했다."169

인도에서 무슬림 침략자들에 의해 자행된 참사는 힌두교와 무슬림들 사이에 메울 수 없는 골을 만들었다.

제5장

이집트

    이슬람에게 정복 당하기 전까지 이집트는 수도를 콘스탄티노플(Constantinople)에 가지고 있는 기독교 제국(비잔틴 제국)에 속해 있었고 "4, 5세기의 이집트는 기독교의 전성기였다."[170] 그러나 7세기에 이르러 비잔틴제국은 레반트(Levant:동부 지중해 및 그 섬과 연안 제국)를 잃는 것을 시작으로 제국의 힘이 계속해서 쇠약해졌다. 그리고 그로 인해 이집트는 외부 공격에 굉장히 취약한 지역이 되기 시작했다. 아랍제국의 이집트 정복은 639년부터 시작되었는데, 당대 칼리프 우마르의 명령에 따라 아주 작은 침략 부대로 시작하여 점차 이집트 깊숙한 지역으로 발을 들였다. 그러다 비잔틴의 군대가 모략에 빠져 적은 수의 무슬림들에게 완전히 대패한 일이 일어났고, 기세가 등등해진 무슬림들은 비잔틴 군인들을 죽이고 도륙했다. 이후, 아랍제국은 "무방비한 상태였던 도시 니키우(Nikiou)를 향한 공격을 개시했고, 그곳에서도 거주민들을 학살했으며 인근 마을들에도 동일한 학살과 파괴를 일으켰다."[171]

    니키우의 주교였던 요한(John)이 남긴 '연대기'를 보면, 무슬림 군대는 아무런 제지도 받지 않고 도시에 침입했음에도 불구하고 "길에서든 교회에서든 발견하는 모든 사람들은 남녀노소를 불구하고 다 죽였고, 누구에게도 자비를 베풀지 않았다."[172] 그때 니키우의 모든 주민들이 죽임을 당했고, 무슬림들이 도시를 점령하고 강탈한 이후에도 이집트에서의 대량학살은 계속되었다. "살아남은 사람들은 그들의 재산과 소유물, 가축들을 포기한 채 공포에 떨며 마을에서 도망쳐 나왔다.[173] 아랍제국이 자행하는 끔찍한 폭력에 사람들은 두려워 떨었으며, 몇몇 이집트인들은 기독교를 포기하고 아랍제국의 약탈에 합류하는 것이 더 낫다고 생각해 무슬림들에게 합류하기도 했다. '연대기'에는 무슬림 침략자들이 지역 경비대가 주둔하고 있는 카이로(Cairo)의 남쪽 나일강에 있는 파윰(Fayyum)의 비옥한 오아시스를 공격했으나, 경비대 덕에 그곳을 뚫고 들어가는 것을 매우 힘겨워했다고 기록되어 있다. "무슬림들은 바하나사(Bahnasa)라는 작은 마을을 점령해 약탈했으며, 발견하는 모든 남자와 여자, 아이들을 학살했다."[174] 그리고 주교이자 저자인 요한 자신도 결국엔 물에 빠져 죽임을 당했다.

이후, 최종적으로 무슬림 군대는 알렉산드리아(Alexandria:이집트의 항구도시)를 급습했다. 이 도시는 모든 기독교 도시 중 가장 큰 도시였는데, 도시가 거대한 벽으로 둘러싸여 있어 무슬림들은 한동안 이 도시에 침입할 수 없었다. 그런데 "641년 이집트의 새로운 총독 키로스(Cyrus)가 부임한지 한 달 후 무슬림 군대의 장군을 만났고, 정확히 알 수 없는 어떠한 이유로 인해 알렉산드리아와 이집트 전체가 무슬림 군대에게 항복하였다."[175]

　4년 후 비잔틴 제국이 알렉산드리아를 되찾았으나, 아랍 군대가 완전무장을 갖춘 채 다시 도시를 공격했고 결국 비잔틴 군대는 도시의 성벽 뒤로 숨어 방어만 할 수밖에 없었다. 무슬림들은 성벽을 뚫고 들어갈 수 없었으나, 성 안에 있는 누군가를 매수했고, 결국엔 성 안으로 난입할 수 있었다. 그들은 "도시의 반이 완전히 파괴될 때까지 학살, 강탈과 노략 그리고 방화를 계속했다."[176] "그리고 이후의 공격에서 성벽으로 인해 같은 문제에 부딪히지 않도록 성벽을 허물어버렸다."[177] 일단 벽이 허물어지자, "…… 많은 교회들이 불탔다. 그리고 바닷가에 건축되어 사도 마가(Mark)의 시신이 안치되어 있던 성 마르크(Saint Mark) 교회도 불타버렸다."라고 콥트인 주교이자 역사가인 사위러스 이븐 알-무까파(Sawirus ibn al-Muqaffa)는 기록한다.[178] 이때, 칼리프 우마르는 알렉산드리아에 있는 가장 큰 도서관 또한 파괴하라고 지시했는데, 이는 돌이킬 수 없는 고대 문화재의 막대한 손실이라고 지금까지도 간주되고 있다.

　이집트 전역이 곧 무슬림 군대의 손에 완전히 넘어갔다. 알렉산드리아를 침략한 무슬림들은 이어서 사이프러스(Cypress), 시칠리아(Sicily), 로도스 섬(Rhodes)을 강탈했다. 연이은 정복전쟁을 통한 무슬림 침략자들의 잔학한 행위는 이슬람 내부에서 일어난 알리와 무아위야에 의한 내전으로 인해 멈췄다.

　이슬람 내전에 대한 부분은 이전 섹션에서 다뤘던 바와 같다.

제6장

북아프리카(마그레브)

　이집트와 마찬가지로 북아프리카 지역 또한 비잔틴 제국의 통치를 받고 있었다. 이슬람 군대의 카르타고(Carthage:아프리카 북부의 고대도시) 정복은 알리와 무아위야 사이에 벌어진 내전으로 인해 중단되었다가 다시 재개되었다. 무슬림들은 군대를 재정비하여, 카르타고를 향해 진격했다. "카르타고는 완전히 쑥대밭이 되었으며, 그곳에서 살고 있던 거주민들 대부분은 죽임을 당했다."179 리비아의 트리폴리(Tripoli)에서 무슬림들은 비잔틴 제국의 저항에 부딪혔으나, 비잔틴의 군사들이 도시를 포기하고 도망가버리자 도시에 쉽게 침입할 수 있게 되었다. 무슬림들에 의해 점령당한 도시는 강탈당했고 완전히 엉망진창이 되었다. "아랍인들은 마그레브(Maghreb:북아프리카의 모로코, 알제리, 튀니지에 걸친 지방)도 불태웠고 주민들에겐 무자비하게 칼을 휘둘렀다. 이 지역은 베르베르(Berber) 부족의 저항이 계속되었기 때문에 평화를 회복하기까지 1세기가 넘는 시간이 걸렸다."180

　이집트의 개종한 무슬림들로 구성된 아랍군대가 튀니지(Tunisia)

의 남쪽을 급습했고, 그곳에 살던 거주민들은 떼죽음을 당했다. 그리고 이때 튀니지의 많은 베르베르 부족들이 이슬람을 받아들였다. "베르베르 부족은 북아프리카 토착부족으로 당시 놀라운 수가 이슬람으로 개종했다. 부족의 지도층이 개종을 커다란 행사로 만들어, 족장이 먼저 개종하자, 나머지 부족원들은 그의 결정을 그대로 따랐다."181 곧 그 새로운 개종자들 또한 아랍의 정복 전쟁에 동참했다. 튀니지에서 그들은 아랍제국의 무슬림들과 함께 "마을에 침입해 살상과 심한 폭력과 학살을 행했다."182 케이룬(Qairuan)과 같은 도시는 무슬림 침략자들이 자행하는 약탈과 무시무시한 대량학살로 커다란 위기에 처했다. 수천 명의 베르베르 부족 여자 아이들이 포로로 잡혀갔고, 노예시장에 팔렸다. 이 노예 무역은 북아프리카에서 반백 년 동안이나 계속되었는데, 이것으로 인해 이슬람으로 개종한 베르베르 부족들 사이에서 분노가 터져 나왔다. 노예 무역을 통해 부를 축적하는 아랍(Arab) 통치자들에게 북아프리카는 노예 생산기지로 변해갔다. 한번은 아프리카의 총독 무싸(Musa)가 자신의 두 아들을 두 개의 기습조로 나눠 북아프리카로 출전시킨 일이 있었다. 그때 두 부대는 각각 만 명의 노예를 전리품으로 가지고 돌아왔다. 무싸는 이때 두 아들이 잡아온 노예를 포함하여 총 6만 명의 노예들을 칼리프에게 전리품으로 보냈다. 이슬람의 북아프리카 지역 정복은 702년에 완성되었다.

토마스 쏘웰(Thomas Sowell)은 이슬람의 아프리카 정복 내내 1,100만 명의 노예들이 대서양을 건넜다고 추정하며, 1,400만 명이 북아프리카와 중동의 이슬람 국가들로 보내졌을 것이라고 추정한다.[183] 데이비드 리빙스턴(David Livingston)은 농장에 도착한 노예들은 5명 중 1명 꼴로 질병과 궁핍 속에 죽음을 맞이했으며, 폭행으로 죽임을 당했을 것이라고 추정한다.[184] 무슬림들은 단순한 정복자들이었던 것뿐만 아니라 노예 무역의 시스템을 개발한 중개인들이었다. 이슬람의 노예제도는 영구적이고 오랫동안 계속 반복되어 오고 있는 관습이다. 람 수와럽(Ram Swarup)은 "무하마드가 도입했던 종교전쟁, 무슬림이 아닌 사람들에 대한 인권박탈 그리고 전례 없는 규모의 노예제도 시행은 여전히 사실로 남아있다. 또한 막대한 수의 노예에 더해진 공물 그리고 전리품들이 아랍 귀족계층을 지탱하는 새로운 버팀목이 되었다."[185] 라고 기록했다. 어느 곳이든 이슬람 통치가 시작되는 곳이면 어김없이 노예제도가 발달했고, 노예시장이 열렸다.

제7장

이베리아 반도

시리아, 이집트 그리고 북아프리카의 정복을 완료한 후, 무슬림 군대는 주저하지 않고 유럽으로 들어갔다. 711년, 북아프리카의 베르베르 부족 따리끄(Tarik)가 지브롤터 해협(Straits of Gibraltar)을 건너는 침략 부대를 이끌었고, 7년이 채 되지 않아 대부분의 스페인 서고트 족(Visigothic Spain)을 제압했다. 720년에는 프랑스 남부의 도시 나르본느(Marbonne)를 빼앗았고 남 프랑스의 가장 큰 수도원을 약탈했다. 무슬림 침략자들은 프랑스 너머에 있는 다른 나라들로 계속 진격했고, 5년이라는 기간이 걸리지 않아 이베리아 반도(Iberian Peninsula: 스페인과 포르투갈을 포함하는 반도) 전체가 무슬림의 통치 아래 놓이게 되었다. 그리고 10년이라는 시간도 되지 않은 짧은 기간 동안 무슬림들은 바르셀로나와 마르본느를 통치하게 되었다.

무슬림 정복전쟁의 대부분은 전리품을 얻으려는 욕망에서 비롯되었고, 이것은 그들이 북아프리카에서 스페인까지 침략하고 진격하도록 만든 원동력이기도 했다. W. 몽고메리 와트(W. Montgomery Watt)와 피에르 카치아(Pierre Cachia)같은 많은 학자들은 "원정의 일차적 목표는 바로 약탈이었다. 따라서 무슬림들의 주된 관심사는 더 많은 것들을 더 쉽게 약탈할 수 있는 지역들이었다."186 라고 기록했다. 그들의 지적 그대로 무슬림들은 스페인의 풍부하고 풍성한 자원에 이끌려 억누를 수 없는 정복 욕구에 의해 움직였다.

베르베르 족 출신의 장수 따리끄의 상급 지휘관이었던 무싸 이븐 마시르(Musa ibn Masir)는 냉혹하기로 유명한 장군이었다. 그는 "큰 도시들을 불태웠고, 귀족들과 지도층 남자들은 고문했으며 아이들과 그 아이들을 돌보는 엄마들은 때려 죽였다. 공포에 떨던 남아있는 도시들이 화평을 청했을 때, 무싸 이븐 마시르는 처음으로 그들이 원하는 대로 남은 도시의 시민들을 살려줬으나, 그들을 조롱하고 기만했으며 심한 굴욕감을 줬다."187 "그 뒤에 시민들은 자신들이 끔찍한 공포심으로 인해 받아들였던 것을 거부했고, 굶주림과 여러 죽음의 요인들이 많았음에도 불구하고 산으로 도망치기를 시도했다."188 많은 "기독교인들은 이슬람으로 개종하든지 북부의 기독교 국가들로 이주하든지 둘 중의 하나를 선택해야만 했다."189

아라비아 반도와 북아프리카로부터 무슬림 군대는 끊임없이 스페인으로 밀려 들어왔다. 793년 나르본느의 교외 지역까지 공격을 받았고, 불에 타 소실됐으며 변두리 지역들은 약탈에 시달렸다. 무슬림들의 이러한 핍박에도 불구하고 기독교인들과 유대인들은 그들의 종교를 계속해서 고수했으며, 과도한 세금을 납부했고, 열등시민으로 취급되어 고통을 받았다.

밧 예올(Bat Ye'or)과 앤드류 G. 보스텀(Andrew G. Bostom)의 기록을 보면 "(개종하지 않은) 기독교인들은 격리된 숙소에서 지냈으며, 한 눈에 식별 가능한 옷을 입어야 했다. 그들은 과도한 세금에 시달렸고, 기독교인 소작농들은 아랍 소유자들에게 굽실거려야 하는 계급적 차별을 당했다. 많은 기독교인들이 그들의 땅을 버리고, 마을에서 도망쳤다."

모자랍(Mozarab:8~15세기 이슬람 지배하의 스페인에서 개종하지 않은 기독교도, 지즈야를 납부하고 개종하지 않은 기독교인.딤미dhimmi)들에게는 사지절단과 십자가 형벌이 내려졌고, 이들은 주변국의 기독교인 왕에게 소리 높여 구원을 청했다. 그러다가 딤미 한 명이 한 무슬림에게 공격을 당하는 일이 일어나자 공동체 전체가 보호를 받지 못하는 위치에 놓이게 되었다. 그들은 계속 약탈을 당하는 상태로 남아있게 되었고, 노예가 되었으며, 무작위로 죽임을 당했다."190

이러한 굴욕적인 상황을 당하는 유대인들은 계속해서 반란을 일으켰지만 실패했고, 그 때마다 그들에게 돌아오는 것은 강탈과 대량학살이었다. 한번은 3백 명의 귀족들이 십자가에 달려 죽었고, 2만 명의 가족들이 추방당하기도 했다. 코르도바(Amirate of Cordova:스페인의 도시)에는 평화로운 날이 거의 드물었다.191 코르도바의 모든 교회들이 파괴되었고, 세인트 빈센트(Saint Vincent) 교회라고 알려진 코르도바의 가장 큰 교회의 반이 무슬림들에게 빼앗겨 모스크로 변환되었다. 교회의 나머지 반은 다른 교회들을 재건하는 것과 맞교환하자는 무슬림 통치자의 압력에 의해 팔릴 때까지 기독교 교회로 남아 있었으나, 결국 교회 전체가 커다란 모스크로 바뀌게 되었다.[192] 이후 1011년과 1013년 사이에 코르도바에서는 또다시 무슬림들이 몇백 명의 유대인들을 학살하는 사건이 터졌다. 또한 1066년에는 그라나다(Granada)에서 5천 명의 유대인들이 대량 학살을 당했다.[193] 1066년 12월 30일, 한 무슬림 무리가 그라나다의 왕궁과 알-안달루스(Al-Andalus)의 일부를 기습 공격했다. 당시 유대인 수상이었던 조셉 이븐 나그렐라(Joseph ibn Naghrela)가 암살되었으며 그라나다의 유대 주민 대부분이 학살되었다. 바르나르드 로이스(Bernard Lewis)는 "1,500명 이상의 유대인 가족들과 4,000명 이상의 사람들이 한날 죽임을 당했다."[194] 고 기록했다. 수천 명의 안달루시아인들이 노예가 되었고, 강제추방당했으며, 칼리프가 있는 곳으로 잡혀갔다. 유럽의 기독교 국가들 각지에서는 무슬림들이 기독교인들을 노예로 사로잡아갔으며 칼리프의 하렘은 잡혀온 기독교인 여성노예들이 가득 찼다. 상황을 더 나쁘게 만들었던 요인은 기독교인들과 유대인들이 입고 있던 구별된 의복이었다. 이로 인해 그들은 길에서 쉽게 목표물이 되었다. 지즈야를 내고 개종하지 않은 딤미(Dhimmi) 유대인들 또는 기독교인들은 어디서든 쉽게 식별이 가능했고, 그들은 늘 폭행과 수모를 당했을 뿐 아니라 심지어 살해되기도 했으나, 무슬림 통치자에게 공정한 처우를 기대할 수 있는 일말의 희망도 없었다. 무슬림 가해자는 어떤 경우든 희생자들에게 신성모독 혐의를 제기할 수 있었고, 이는 자신의 살인 행위가 정당하다는 것을 보장해 주었기 때문이다.

알모하드 왕조(Almohad:12~13세기에 스페인/북아프리카를 통치한 이슬람 왕조)는 북아프리카 출신으로 스페인의 모든 무슬림 영토를 다스렸다. 그는 몇 천 몇 만이나 되는 기독교인들에게 알폰소(Alfonso) 지역으로 이주하라고 명령을 내렸다. 그들의 압제가 너무 심했기 때문에 일부는 이슬람을 받아들이기도 했다. 이후 많은 무리는 다시 모로코로 강제추방을 당했다. 아라비아와 북아프리카의 베르베르 부족 출신의 무슬림 정착민들은 정복지에서 일급지(一級地)들을 몰수했다. 안달루시아의 기독교인들과 유대인들은 이 모든 것들을 견뎠으며, 과도한 세금을 납부하면서도 그들의 신앙을 지켰다. "아라비아에서부터 메소포타미아, 시리아, 팔레스타인 등의 정복지로 연이어 이주하는 아랍 이주민들은 스페인에도 정착했고, 스페인을 넘어 프랑스 남부도 위협하고 있었다. 이후, 이 공격적인 무슬림들은 남프랑스의 아비뇽(Avignon)까지 침투했으며, 론 강 골짜기(Rhone valley:론 강, 프랑스 동부에서 지중해로 흐르는 강)를 강탈하고 약탈했다. 매년, 때로는 연간 몇 차례에 걸쳐 원정대가 북쪽의 기독교 왕국들을 초토화시키기 위해 보내졌다. 그리고 멀리 바스크(Basque)와 프랑스의 아비뇽(Avignon) 그리고 론(Rhone) 강 골짜기까지 원정대가 파견되어 습격을 지속했다.

결론

이슬람의 정복 물결은 기독교 국가들이었던 시리아, 아르메니아, 팔레스타인, 이집트, 북아프리카 그리고 스페인부터 멀리 푸아티에(Poitiers:프랑스 서부)까지, 또한 이탈리아에서 알프스(Alps)까지를 완전히 에워쌌다.

"무슬림 군대는 동 지중해의 모든 기독교 도시들을 정복했고, 시리아-팔레스타인에서 이집트까지 그리고 마그레브(북아프리카)까지 계속해서 진격해 나갔으며, 결국 지중해를 건너 이베리아 반도까지 정복하게 되었다."195 그들은 사산왕조 페르시아(Sassanian Persia)를 정복했으며, 인더스 지역(파키스탄과 인도)까지 손길을 뻗쳤다. 서방문명은 키프로스(Cyprus:653년, 지중해 동부의 섬), 로도스(Rhodes:672년, 에게 해 중의 현재 그리스령 섬), 사르디니아(Sardinia:818년, 이탈리아 서쪽에 있는 섬), 마조르카(Marjorca:818년, 지중해 서부의 발레아레스 제도 중 가장 큰 섬), 크레타(Crete:824년, 지중해 동남부에 있는 그리스령의 섬), 몰타(Malta:835년, 지중해에 있는 섬) 등의 몇몇 중요한 섬들도 무슬림들에게 빼앗겼다. 빼앗긴 섬들에 살고 있던 기독교인들과 유대인들은 대량 학살을 당하거나 노예가 되는 고통을 당했다. 아나톨리아(Anatolia:옛

날의 소아시아, 현재의 터키)도 아랍 군대의 공격을 당해 막중한 고통을 겪는 참화를 당했다.

교회들이 훼손되었고, 사르디스(Sardes:소아시아 서부의 고대도시)의 모든 거주민들은 화형을 당했고, 많은 다른 도시 사람들도 포로가 되었다. 갱그레스(Gangres)와 니케아(Nicaea:소아시아 북서부 옛 도시) 같은 몇몇 그리스 도시들도 불에 타고, 약탈당하고, 파괴되어 완전히 쑥대밭이 되었으며, 모든 주민들이 노예로 팔려갔다. 무슬림 군대는 그들의 서방 원정을 계속해서 확장시켜 나갔으나, 나르본느와 프와티에에서 격퇴당했다.

이러한 정복은 대부분 피비린내 나는 전투를 동반했고, 인간이 했다고는 믿을 수 없을 만큼 잔혹했다. 밧 예올(Bat Ye'or)의 자료를 보면 "기독교의 기록들뿐 아니라 심지어 무슬림 연대기에도 모든 도시들과 셀 수 없이 많은 마을들이 강탈당했고, 불에 탔으며, 학살과 노예화 그리고 거주민들의 강제추방을 당했다는 것을 상세히 기록한다. 심지어 어떠한 저항도 하지 않고 항복해 평화협정을 맺은 도시들조차 방대한 전리품에 눈이 먼 아랍 부족들의 약탈에서 벗어날 수 없었다."[196] 라고 기록되어 있다. 대부분의 이러한 잔혹행위는 정복한 땅의 비전투원(민간인 등)들을 향해 자행되었다. 정복 전쟁을 통해 수익성이 좋았던 것은 전리품과 노예 매매였다. 특히 더 높은 값에 팔리고, 귀족들에게 값진 선물로 보낼 수도 있었던 여성 노예들은 항상 남성 노예들보다 더 많은 이익을 남기는 약탈품이었다.

패트리샤 크론(Patricia Crone)은 다음과 같이 썼다:

"무하마드의 신은 그의 정복정책을 공개적으로 지지했고, 자신을 믿는 자들에게 어디서든지 자신을 믿지 않는 자들을 발견하면 그들과 싸우라고 지시했다…… 아랍 군인들은 까디씨아(Qadisiya) 전투 전날 이라크와 관련하여 다음과 같은 계시를 들었다: "너희들이 버틴다면…… 그들의 재산, 여자들과 아이들 그리고 그들의 땅이 너희 것이 될 것이다." 무하마드의 신은 굉장히 명료했다. 그는 아랍인들이 '다른 이들의 여자들과 아이들, 그들의 땅을 가질 권리, 정복된 사람들에게 무엇이든지 하도록 명령할 권리를 가진다'고 말했다. 그리고 거룩한 전쟁은 온전히 복종하는 것으로 이루어진다. 무하마드의 신은 부족 간의 전쟁과 정복전쟁을 가속화시켰고 이것을 최고의 종교적 미덕으로 만들었다. 요약하면, 무하마드는 정복을 해야만 했고, 그의 추종자들은 정복전쟁을 좋아했으며 그의 신은 그에게 계속해서 정복하라고 명령했다."[197]

이슬람이 탄생한 바로 직후부터, 무슬림들의 정복욕은 공격적으로 팽창하기 시작했다. 이슬람 제국이 생겨난 이래로 계속 무슬림 정복자들은 비슷한 방식으로 행동했다. 주민들을 예속시켰고, 그들의 부와 자원을 몰수했으며, 사람들을 노예로 만들었다.

SECTION 5

이슬람 성전(聖戰) 지하드(Jihad)와 딤미튜드(Dhimmitude)

제1장 : 지하드를 잘못 알고 있다? · 203
제2장 : 딤미튜드(Dhimmitude),
이슬람이 아닌 자들에 대한 무슬림들의 태도 · 211
맺음말 · 268

평화의탈을쓴
혈전의종교
이　슬　람

제1장

지하드를 잘못 알고 있다?

현시대의 이슬람 변증론은 이슬람은 평화의 종교이며, 무슬림이 아닌 사람들뿐 아니라 극단주의 무슬림들도 지하드(Jihad:이슬람교에서 종교적, 도덕적 법칙을 지키기 위한 정신적 투쟁, 성스러운 전투, 이교도들과의 전투를 의미)를 오해해 왔다고 주장하고 있다. 먼저 현대 이슬람 학자들에 의하면 지하드에는 두 가지 형태가 있다. 바로 '소 지하드(소 성전: lesser Jihad)'와 '대 지하드(대 성전:greater Jihad)'라는 것인데, 그에 관한 내용은 다음과 같다:

> 무하마드가 한 전투에서 돌아왔을 때, 그의 동료에게 말했다. "우리는 대 지하드(the great jihad)로 가기 위해 소 지하드(the little jihad)에서 돌아왔다." 동료가 그에게 물었다. "오, 알라의 사도여! 지금 작은 전투와 큰 전투라고 하셨는데 그게 무슨 뜻입니까?" 무하마드는 "작은 전투(소 지하드)는 우리가 막 이슬람의 적들과 싸우고 돌아온 그 전투를 말하는 것이고, 큰 전투(대 지하드)는 무슬림의 삶에 일어나는 영적 전투를 말하는 것이다."라고 대답했다.[198]

이 하디스(Hadith:무하마드의 언행록)는 지하드의 주된 의미가 '군대' 또는 '무력 충돌'이 아니고, 무슬림들 내면의 '영적 싸움'이라고 주장한다. 무슬림 변증론자들 또한 이 구절을 인용하며 '영적인 지하드'가 진정한 의미라고 지하드를 정당화한다. 그러나 이전에 이슬람 신자였고, 카이로의 아즈하르 대학교(Al-Azhar University)에서 이슬람 역사 교수로 역임했던 마크 A. 가브리엘(Dr. Mark A. Gabriel)박사는 지하드에 대한 이 해석에는 두 가지 중대한 오류가 있다고 논증한다. 그는 "먼저 가장 중요한 것은 코란과 무하마드의 다른 가르침이 일관적이지 않다는 것이다. 코란은 무슬림들에게 삶의 방식에 대한 굉장히 많은 지침들을 주고 있지만, 이러한 지침들을 삶으로 살아내기 위해 '지하드'로써 싸우라고는 이야기하고 있지 않다. 두 번째로, 앞선 이야기와 무하마드의 실제 삶이 연결된 참고자료가 너무 부족하다. 정통 무슬림 학자들은 무하마드가 절대 이렇게 말하지 않았다고 생각한다. 심지어 무슬림들에게 가장 존경 받는 하디스 학자인 셰이크 앨-바니(Sheikh al-Elbeni)는 이 부분을 믿을 만한 역사학자들이 말한 것이 아니라고까지 여겨 약한 하디스에 포함시킨다." 그리고 또 다른 유명 이슬람 학자인 이븐 을 까윰(Ibn Al Qayyem)은 이 이야기가 "지어낸 이야기이며, 이 이야기를 지어낸 사람이 누군지는 몰라도 그들은 무력(sword)의 중요성을 하찮게 만드는 것 외에는 아무런 목적도 없는 사람들이다."라고 맹렬하게 비난하였다.[199]

그렇다면 이슬람 신학과 역사에서 지하드의 의의와 진정한 의미는 무엇일까? '지하드(Jihad)'라는 단어의 문자적인 의미는 '분투하다 또는 노력하다(to struggle or strive)'이다. 그리고 적들과의 실질적인 전쟁을 의미한다는 "소 지하드"라는 용어나 내면의 싸움을 의미한다는 "대 지하드"라는 용어는 하디스 정본 어디에도 나와 있지 않다. 그리고 하디스에 등장하는 지하드의 98퍼센트는 폭력에 초점을 맞추고 있고, 지하드의 미덕을 칭송하고 있을 뿐 아니라 누구와 전쟁을 벌여야 하는지 그 대상에 해당하는 사람들에 대해서도 상세하게 설명하고 있다. 데이비드 쿡(David Cook)은 그의 저서 '지하드의 이해(Understanding Jihad)'에서 다음과 같이 주장한다: "현대와 정통 무슬림 문헌 둘 다, 정신적인 지하드의 중요성에 대한 부분은 그 증거의 비중이 너무 작아서 무시해도 될 정도다. 오늘날 아라비아, 페르시아, 우르두(Urdu) 등지에 사는 어떠한 무슬림들도 그들의 본래 언어로 쓰여진 문헌들에서는 지하드가 비폭력을 목적으로 한다거나 정신적인 지하드로 대신할 수 있다고 주장하지 않는다. 이러한 주장은 오직 서구의 학자들에 의해서만 주창되고 있는데, 이들은 주로 이슬람교의 신비주의 교파인 수피교(Sufism)를 공부하거나 이슬람이 전혀 무해하지 않은 종교라는 것을 나타내고 싶어하는 무슬림 변증론자들이다. 그리고 이러한 주장은 종파를 초월하는 종교 통합을 위한 대화에서 주로 이루어지고 있다."[200]

"사히흐 부카리(Sahih al-Bukhari)에 지하드의 책(a book of Jihad)이라고도 하는 끼땁 을-지하드(Kitab al-Jihad)의 조사와 지하드에 대한 하디스 모음의 정본들은 지하드의 원칙적인 의미가 '믿지 않는 자들과 싸우는 군대'에 사용되었다는 것을 분명히 밝히고 있다. 그리고 이 군대는 이슬람의 승리와 통치를 위한 군대였다."201 하디스 책들에만 200여 개 정도의 선지자 무하마드의 삶에 대한 이야기들이 실려 있으며, 이 이야기들은 무슬림들이 어떻게 지하드를 수행해야 하는지에 대한 본보기가 되고 있다. 한편, 코란 8장의 "전리품(Spoils of War)" 구절도 무슬림들에게 무슬림이 아닌 자들과 대항하여 계속해서 싸우라고 대대적으로 촉구하고 있다. 아무리 이슬람 변증론자들이 지하드가 폭력적이지 않은 내면의 싸움이라는 것을 강조하며 그 의미를 속이려 해도 진실은 이슬람의 정복역사를 통해 분명하게 드러나 있다. 그들이 어떤 변증을 하든 지하드는 믿지 않는 자들을 겨냥하고 있는 폭력적인 군대이다.

무하마드는 메디나에 도착한 순간부터 이슬람을 받아들이지 않는 모든 사람들을 향해 지하드를 공표했다. 무하마드 스스로가 이 '지하드'라는 단어를 '무력투쟁'이라는 의미로 사용했고, 지하드 운동을 통해 아라비아 반도의 유대인, 기독교인 그리고 이교도들을 제압했다. 무하마드가 유대인 부족들을 고립시키고, 추방하고, 몰살했던 것과 그의 후계자들이 아라비아 반도를 넘어 다른 지역으로 어떻게 지하드를 수행했는지에 대한 이야기는 앞선 Section 1과 Section 2에서 이미 다룬 내용이므로 여러분도 잘 알게 되었을 것이라 생각된다.

무하마드는 임종 시 무슬림들에게 "모든 사람들이 '이 땅에 알라 외에 다른 신은 없다' 라고 말할 때까지 싸우라!" 202 고 유언을 남겼으며, 무수히 많은 무하마드의 격언들과 전승들, 언행록들(Hadith)이 무하마드가 "너희는 칼을 사용할 때 천국에 들어갈 수 있을 것이다(The gates of Paradise are under the shadow of the sword)." 203 라고 말했다는 것을 전하고 있다. 다른 자료에는 무하마드가 "아침이든 저녁이든 알라의 길을 위한 원정과 그것의 영광은 이 모든 세상보다 더 나으며, 너희들 중 한 명이 싸움터에 남아 싸우는 것이 그가 60년 동안 기도하는 것보다 낫다."라고 말했다는 기록 또한 남아 있다.204

　이 모든 지하드 운동을 통해 무슬림들은 고대 페르시아 왕국을 전복시켰고, 시리아, 팔레스타인, 이집트, 북아프리카를 정복해 이슬람화시켰다. 그리고 스페인, 포르투갈 그리고 남이탈리아의 상당지역을 침략했다. "지하드의 기치 아래, 아르메니아(Armenia), 조지아(Georgia), 비잔티움(Byzantium), 불가리아(Bulgaria), 세르비아(Serbia), 보스니아(Bosnia), 헤르체고비나(Herzegovina), 크로아티아(Croatia) 그리고 알바니아(Albania)와 폴란드, 헝가리의 몇몇 기독교 왕국들 또한 정복되어 이슬람화되었다.205 또한 버나드 루이스(Bernard Lewis)는 그의 저서에서 "초기 이슬람 권위자들의 문헌들과 코란과 연계된 구절들, 해설들 그리고 무하마드의 전승이 압도적으로 우세하게 지하드를 '군사용어'로 논하고 있다."206 고 말한다.

정통 이슬람 법률학자들은 지하드 교리를 코란과 하디스 그리고 무하마드의 예들을 기반으로 만들었다. 15세기 이슬람 학자인 이븐 칼둔(Ibn Khaldun)은 "무슬림 공동체에서 성스러운 전쟁(Holy war)은 종교적 의무였다. 왜냐하면 설득을 통해서든 강압을 통해서든 모든 사람들을 이슬람으로 개종시키는 것이 구원을 받기 위한 무슬림들의 보편적인 사명이었기 때문이다."[207] 라고 기록했다.

14세기의 저명한 법률학자 이븐 따이미아(Ibn Taymiya)는 지하드 교리의 원칙에 대해 다음과 같이 명시했다: [208]

> 알라는 지하드를 명령할 때 무슬림들에게 코란의 다음 구절을 계시했다: "박해가 없어질 때까지, 종교가 알라의 것이 될 때까지 그들과 싸워라.(2:193)" 또한 알라는 '싸우라'는 이 의무를 코란에서 계속 반복하고 있으며, 코란의 무수한 장(Sura)들은 지하드가 최고의 영광을 받는 길이라고 언급하고 있다. 알라는 그의 계시를 통해 지하드가 되는 것을 망설이는 사람들을 지탄하며, 그들에게 위선자, 겁쟁이라고 말하고 있다. 수나(Sunna)와 코란에 지하드의 미덕을 극찬하는 내용은 셀 수 없을 정도로 많으며, 무슬림들에게 지하드는 그들이 알라를 위해 행하는 봉사 중 가장 최고의 것으로 여겨진다.
>
> 모든 무슬림들은 "지하드가 개인의 선택이 아닌 '신의 능력'으로 시행되는 것이고, 그것의 궁극적인 목적은 알라에

게 영광을 돌리기 위한 것이기 때문에 누구든지 이 목적을 깨닫는 사람들은 칼을 들고 싸우게 될 것이라는 것"에 동의한다. 무슬림들은 유대인들과 기독교인들 그리고 조로아스터교도들(Magians)이 이슬람을 받아들이거나, 자발적으로 지즈야(Jizya)를 납부하기로 할 때까지 싸울 것이다. 그러나 힌두교도나 불교신자 같은 이교도들은 이슬람을 받아들이거나 죽임을 당하거나 둘 중 하나의 선택권밖에는 없다. 반면 아라비아 반도에 살고 있는 사람들은 (비록 이교도라 할지라도) 이슬람을 받아들일 가능성이 있기에 지즈야를 납부할 의무를 지지 않는다.

코란은 무슬림들에게 "알라를 믿지 않는 자들과 최후 심판의 날까지 싸우라. 알라와 그의 전달자가 금지한 것은 동일하게 금지하라. 그리고 누구든지 성경의 사람들(유대인과 기독교인) 중 진리의 종교(이슬람)를 알지 못하는 자들과는 그들이 기쁜 마음으로 순종해 지즈야를 바치고 스스로가 이슬람의 지배 아래 놓였다고 느낄 때까지 싸우라."라고 강력하게 촉구하고 있다.[209]

이 코란 구절과 관련하여 이븐 카시르(Ibn Kathir, 1373년 사망)는 "이 '명예 구절(코란 9장29절, Honorable Aya)'은 (이교도들과) 싸우라는 명령과 함께 계시되었다. 이후, 무슬림들이 이교도들을 제패하면서 많은 사람들이 알라의 다스림에 속했고, 아라비아 반도는 무슬림들의 통치하에 속하게 되었다. 알라는 그의 전달자(무하마드)에게 히즈라(Hijra) 19년에 '성경의 사람들,' 즉 유대인들과 기독교인들과 싸우라고 명령했고, 그는 이 명령에 따라 로마제국(비잔틴제국)과 싸울 군대를 준비했다. 그리고 사람들을 지하드로 불러 모았다" 210 라고 기록했다.

알리 다스띠(Ali Dashti)는 "무하마드가 메카에서 그리고 초기 메디나에서 계시한 구절들에는 '성경을 가진 사람들(유대인과 기독교인들)'에 대한 우호적인 태도도 있었다. 그러나 메디나로 이주한지 10년이 지난 후, 무하마드에게 변화가 생겼고 코란 9장(sura 9)이 벼락같이 계시되었다. 그들은 개종하거나, 세금을 바치거나, 하층민의 지위를 받아들이거나, 죽음을 택해야 했다."211 라고 썼다.

이슬람 법률과 법학에 따르면 지하드는 이슬람의 영역 확장을 위한 모든 무슬림들의 '집단 임무'이다. 더불어 가능한 많은 사람들을 이슬람이 지배하도록 만드는 것이 모든 무슬림들이 마땅히 해야 할 의무이다. 그러므로 지하드의 궁극적인 목적은 이슬람으로 전 세계를 통치하는 것이라고 말할 수 있다. 시아파와 수니파는 둘 사이에 타협할 수 없는 거대한 분립을 이루고 있으나, 지하드 수행에 대해서는 동일한 의견을 가지고 있다. 단지 시아파는 지하드가 제대로 된 이맘(Imam:예배를 인도하는 성직자)의 지도력에 따라 싸워야 한다고 믿고 있다는 차이만 있을 뿐이다.

알-따바리는 "지하드에 대한 논문(Treatise on Jihad)"에 8세기의 법률학자이자 '이슬람 법 학교:하나피(Hanafi)' 의 설립자인 아부 하니파(Abu Hanifa)가 "만약 무슬림들이 어떠한 점령지를 완전히 정복하거나 거기에서 적들의 소유물을 빼앗지 못할 경우엔 그들의 요새, 도시들 그리고 교회와 야자나무들과 모든 숲들을 다 불태워버려야 했다. 또한 이슬람으로 가져오지 못하는 그들의 모든 가축들과 짐승들도 다 도륙하고 불태워버려야 했다." [212] 라고 말했다고 기록했다.

아프리카, 유럽 그리고 아시아의 많은 지역들이 거대한 지하드의 물결에 의해 침략당했다. 라파엘 무어(Raphael Moore)는 '소아시아의 역사(History of Asia Monor)' 에서 대략적으로 5천만 명의 기독교인들이 지하드 전쟁에서 사망했다고 추정한다. 또 코나드 엘스트(Koenard Elst)는 대략 8천만 명의 힌두교도들이 인도를 향해 일어난 지하드에 의해 죽임을 당했다고 기록했다.[213] 그리고 약 1천만 명의 불교신자들도 지하디스(Jihadis)들에 의해 죽임을 당했다고 전해진다.[214]

지난 14세기 동안, 지하드는 단순히 이론적으로만 이슬람을 확장시키기 위한 무력 전쟁을 의미하는 것이 아니었다. 이는 이슬람의 통치 내내 실질적으로 완수된 사명이었다. 이슬람은 세계를 두 부분으로 나눠서 생각하는데, 하나는 '이슬람의 집(Dar al-Islam)'으로 이슬람 법률의 통치를 받는 곳이고, 다른 하나는 '전쟁의 집(Dar al-Harb)'으로 이교도들이 살고 있는 곳이다. 그러므로 무슬림들은 모든 이교도들이 이슬람을 받아들이거나, 무슬림들의 지배에 항복하고 지즈야(Jizya:인두세)를 바칠 때까지 계속해서 믿지 않는 사람들과 싸워야 하는 지하드의 의무를 수행해야 한다.

이슬람 국가의 학교들은 아이들에게 여전히 지하드에 대해 가르친다. 무슬림들은 유럽, 심지어 미국에서도 분쟁을 일으키고 있으며 중동(Middle East)과 카슈미르(Kashmir:인도 북서부 지방)에서는 매우 공격적이다. 최근 ISIS에 의해서 계속되고 있는 이들의 극단적인 행위는 바로 전통적인 지하드 전략의 정형화된 양식을 따르고 있는 것이다. 알-카에다(Al-Qaida), 보코 하람(Boko Haram), 알-샤바브(Al-Shabab) 그리고 ISIS와 같은 단체들은 새로운 어떠한 것을 행하는 것이 아니다. 그들은 단지 계속해서 지하드의 유산을 시도하고, 이어가고 있는 것뿐이다.

오늘날 일어나고 있는 모든 끔찍한 학살, 자살 폭탄 테러들, 납치 그리고 무슬림이 아닌 여자들을 성 노예로 삼는 범죄와 무자헤딘(Mujahidins:이슬람 전사)과 같은 것들은 모두 이슬람 세계 질서(Islamic world order)를 수립하기 위한 시도들이다. 이와 같은 행위를 통해 그들은 강력한 이슬람 법률을 적용하지 않는 개인이나 정부가 없는 완벽한 이슬람 국가를 수립하고자 한다. 지하드는 이슬람 지상주의에 굴복하지 않는 모든 사람들을 향해 끊임없이 계속되고 있는 전쟁이다.

제2장

딤미튜드(Dhimmitude), 이슬람이 아닌 자들에 대한 무슬림들의 태도

이슬람을 믿지 않았으나, 지하드에 의해 예속된 영토들에선 '딤미튜드(Dhimmitude) 교리'가 발전했다. 지하드가 모든 이교도 지역에서도 샤리아(Sharia) 법의 실행을 요구했기 때문에 무슬림이 아닌 사람들, 즉 딤미(Dhimmi)들에게는 다른 법률이 적용되었으며, 이슬람을 받아들이길 완전히 거부한, 무슬림이 아닌 사람들은 'ahl al-dhimma(아흘 알-딤마)'라고 불렀다. 딤마(Dhimma)라는 단어는 지배자인 무슬림과 종속민족(즉 유대인, 기독교인, 조로아스터교도 등)들 사이의 관계 또는 협정(계약)을 의미한다. 이 단어는 "보호받는 사람들"이란 뜻으로, 다른 말로 하면 "무슬림 국가들에서 용인된 (무슬림이 아닌) 사람들"이라는 뜻이다.

이교도들에게서 빼앗은 모든 영토들은 이슬람 국가의 소유가 되었기 때문에 무슬림이 아닌 사람들은 개종하든지, 노예가 되든지, 죽임을 당하든지, 세 가지 중 한 가지를 선택해야 했다. 이에 대한 법률은 코란 9장 29절에 기록되어 있다. "알라와 최후심판의 날을 믿지 않고, 알라와 그의 사자가 금기한 것을 지키지 않고, 성서의 백성

(유대인과 기독교인을 의미) 중에서도 진리의 종료를 따르지 않는 자들과는 그들이 항복하여 인두세(지즈야)를 바치고 스스로를 낮출 때까지 싸우라."(코란 9:29)

딤마(dhimma) 원칙은 무하마드가 케이바르(Khaybar) 유대인 부족을 정복했을 때 처음으로 적용했다. 케이바르의 유대인들은 당시 그들의 모든 재산을 잃었고, 딤미(dhimmi)라는 하층의 지위로 강등되었다. 그리고 그들의 신앙을 계속 유지할 뿐 아니라 목숨을 보전하고, 삶의 터전에서 쫓겨나지 않기 위해 소득의 반을 지즈야(jizya:인두세)로 바쳐야 했다. 그들은 그들의 땅에서 살며 계속 일할 수 있게 되었지만, 조세를 바치는 소작농으로 전락했다. 더불어 그들의 영토는 영구적으로 무슬림들의 소유가 되었기 때문에 칼리프나 통치자가 그 땅에서 믿지 않는 자들을 없애고자 한다면 언제든지 그렇게 될 수 있었다.

무하마드의 예와 원칙에 따라 칼리프 우마르는 C.E. 636년에 그의 군대를 바스라(Basrah)로 보냈다. 그리고 그의 군대에게 "알라의 이름으로 사람들을 불러 모아라. 너희의 부름에 응답하는 사람들은 받아들이고, 거절하는 사람들에게는 굴욕을 주고 인두세를 바치도록 만들어라(코란 9:29). 만약 인두세를 바치지 않겠다고 한다면 그들에게 어떠한 자비도 베풀지 말고 칼로 응징해라."라고 명령했다.

대부분의 무슬림 옹호자들은 지즈야를 정당화시키기 위해 '지즈야가 시민들이 정부에 납부하는 세금과 같은 것'이라고 주장한다.

그러나 그들의 주장은 지즈야가 터무니 없는 가격으로 착취된 돈 그 이상도 이하도 아니라는 방대한 역사적 근거들을 무시하고 있다.

지즈야의 문자적인 의미는 '벌금(Penalty)' 이다. 즉, 딤미들은 이슬람으로 개종하는 것을 거절하는 대가로 벌금을 내야만 했던 것이다. 아랍어 사전 편찬자인 E.W. 레인(E.W. Lane)은 지즈야를 다음과 같이 설명한다: "무슬림 통치자가 무슬림이 아닌 자유인들에게 거둬들이는 세금은 그것을 받음으로 그들을 보호해주겠다는 계약이 성립되었다는 뜻이었다. 즉, 지즈야는 그들이 죽임을 당하지 않도록 보장해 주는 안전장치와 같은 것이었다."[216]

오스만 제국 당시 적용되었던 지즈야를 조사했던 윌리엄 이톤(William Eton)은 1799년에 쓴 그의 저서에서 "그들의 공식적인 규정집에 나온 이 단어의 정의에 따르면, 기독교인들에게 부과된 인두세(capitation tax, jizya:지즈야), 즉 기독교도들에게 거둬들인 세금의 총액은 '그 해에는 그들의 목숨이 보장되었다는 것을 의미했다.'"[217] 라고 기록한다.

이븐 까임 알-저지아(Ibn Qayyim al-Jawziyya)는 지즈야의 목적은 "딤미들의 생명을 보장해 주기 위한 것이었으나, 이교도들이 당하는 굴욕의 상징으로 점차 변모해갔을 뿐 아니라 그들을 모욕하고 처벌하는 것이 되었다."라고 기록했다.

딤미에게 지즈야를 부과하는 것은 그들을 약탈과 노예화, 추방 그리고 학살에서 보호하기 위한 것이었지만, 완전한 보장은 되지 못했다. "딤마 협정(Dhimma Covenant)"은 이교도들에게 이 협정 안에 새겨진 원칙과 규정에 철저히 복종할 것을 요구했다. 이 계약은 "우마르 조약(Covenant of Umar)" 또는 "우마르 협정(Pact of Umar)"이라고도 알려져 있다. 무하마드 사후, 두 번째 칼리프였던 우마르는 이 "딤미(dhimmi) 협정서"에 지즈야를 납부하기로 합의한 유대인, 기독교인, 조로아스터교도들 등의 이교도들이 지켜야 할 몇몇 규제사항들을 명시했다. 때문에 이 협정서에는 조약에 예속된 사람들에 관련된 모든 규칙과 규정의 상세한 내역도 담기게 되었다. 12세기, 한 시리아인이 남긴 자료를 보면 유대인들과 기독교인들에게 딤미 법률을 실시하기 위해 어떻게 감독관들이 임명되었는지에 대한 기록도 남아 있다.

> 딤미는 우마르(Umar b. al-Khattab)가 작성한 협정에 나와 있는 그들에게 부과된 지즈야를 준수해야 할 의무를 지녔으며, 'ghiyar(그들의 옷에 의무적으로 달아야 할 표식)'를 무조건 달아야 했다. 딤미가 유대인 남자라면 붉은 색 또는 노란 색 끈을 그의 어깨에 달아야 했고, 기독교인 남자라면 그의 허리와 목에 십자가를 달아야 했다. 여자는 슬리퍼를 두 개를 겹쳐 신어야 했는데, 하나는 흰색, 하나는 검정색이었다. 또한 보호받고 있는 사람(딤미)이 대중 목욕탕에 갈 때면 그는 철, 구리 또는 납으로 된 끈을 목에 메어 다른 사람들과 구별된다는 것을 알려야만 했다.

딤미는 말을 몰 수 없었고, 무기나 검을 가질 수 없었다. 그런 것들을 가지고 있을 경우엔 무흐타시브(muhtasib) [219] 에 의해 제지를 받았다. 그들은 노새를 몰 때도 다리를 벌리고 타는 것이 아니라, 두 다리를 한쪽으로 모아서 옆으로 앉아서 타야 했다. 딤미들은 무슬림들의 건물보다 높은 건물을 지을 수 없었고, 회의를 주관할 수도 없었다. 길에서 무슬림들 사이를 밀치며 앞서 지나가는 것도 금지되었으며, 옆으로 비켜가야만 했다. 그들은 모임에서 환영받을 수도 가장 먼저 인사를 받을 수도 없었다. 딤미들은 그들의 집과 예배처를 지나가는 모든 무슬림들에게 호의를 베풀고, 숙식을 제공해야 했다.

딤미들은 알코올이 들어있는 음료나 돼지고기를 진열해 놓을 수 없었으며, 발효된 음료를 팔 수 없었다. 또한 토라(Torah)나 성경(Bible)을 공개적으로 낭독할 수 없었다. 교회에서 종을 울리는 것이나, 축제일을 기념하며 축하하는 일, 공개적으로 장례식을 치르는 것도 금지되었다. 이 모든 내용들은 우마르가 작성한 협정서에 명문화되어 있었기 때문에 무흐타시브는 그들이 이 협정 내용을 잘 지키는지 항상 면밀히 감시했으며, 어겼을 시 강제로 시행했다.[220]

8세기의 한 이슬람 법학자는 어느 누구도 지즈야에서 면제받지

못했다고 기록했다: "한 지방의 관리자였던 왈리(Wali)는 어떠한 유대인, 기독교인, 조로아스터교도, 가톨릭 신자, 사바교도들 그리고 사마리아인들 등 어느 누구에게도 세금납부를 면제해 주지 않았을 뿐 아니라 조금의 삭감조차 허락하지 않았다. 누구는 면제받고 누구는 삭감된다는 것은 불법이었으며, 그들의 생명과 소유물들은 오직 인두세(지즈야)를 바쳐야지만 해를 입지 않을 수 있었다."

유대인들과 기독교인들은 그들에게 부과된 가혹한 계약내용들에 복종해야 했으나, 때로 그들의 경제 상황이 어려워 제때 지즈야를 내지 못할 경우도 있었다. 수도 다이니시어스(Pseudo Patriarch Dionysius)는 그런 경우, 딤미들은 "세게 얻어 맞았으며, 고문을 당하고 목숨을 잃었는데 특히 십자가형에 처해졌다."[222] 라고 기록했다. 또한 때때로 무슬림 지배자들은 딤미들의 가족들을 납치해 그들이 남은 돈을 다 갚기 전까지 음식도 주지 않고 포로로 잡아 놓을 때도 있었다. 세금 징수관들은 딤미들의 비참한 처지를 이용해 고문당하고 있거나 잡혀 있어서 돈을 낼 수 없는 딤미들의 몫까지 다른 딤미들에게 바치도록 요구하기도 했다. 이들은 도저히 견딜 수 없는 상황이 될 때마다 다른 기독교 국가들로 피난처를 찾아 도망치기도 했다.

기록에 의하면, 이집트의 콥트 기독교인들이 너무 가혹한 세금에 시달리자, 무슬림 통치자에게 대항해 반역을 일으켰던 사건이 있었다. 그러나 반역은 실패했고 그 결과 이집트 통치자는 "그들의 마을들과 포도밭, 교회들 그리고 전체 지역을 다 불태워 버려라"라고 명령했다. "이를 피해 도망친 사람들은 학살당하거나 강제 추방당했다."[223] 밧 에올(Bat Ye' or)은 "팔레스타인, 이집트, 메소포타미아, 아르메니아 그리고 아나톨리아(옛날의 소아시아, 현재의 터키), 발칸제국 그리고 사파위 왕조 당시의 페르시아(지금의 이란)에서는 이슬람의 세금을 내지 못하는 딤미들은 그들의 자녀들을 지즈야의 일부로 넘겨줘야 하는 상황에 처하기까지 했다."[224] 라고 기록한다. 지즈야를 납부하는 것은 이슬람 변증론자들의 주장처럼 시민세를 내는 것과 같은 명예로운 일이 아니라 굴욕 그 자체였으며, 코란 9장 29절은 "참된 종교를 믿지 않는 자에 대해서는 스스로 자기를 낮추며 자발적으로 인두세를 바칠 때까지 그들과 싸우라!"고 분명하게 명시하고 있다.

또한 몇몇 정통 이슬람 법률학자들도 지즈야가 불명예의 상징이며, 굴욕과 수모의 상징이라고 기록하고 있다. 이슬람으로 개종하지 않는 대가로 지즈야를 내는 동안 딤미들은 '지즈야를 내는 것은 공공연한 수치'라고 배워야만 했다. 많은 이슬람 자료들이 '유대인들과 기독교인들은 그들의 앞머리(forelock)를 깎아야 했으며, 무슬림들은 길에서 그들을 볼 때마다 뒤통수를 때리고 그들의 수염을 잡아당기며 조롱하고 놀림거리로 만들었다'고 기록한다. 알-따바리는 "딤미들이 지즈야를 내기 위해 관리자나 통치자 앞에 나갈 때는 몸을 최대한 낮추어 손과 무릎으로 걸어나가야 했다."[225] 라고 기록했다.

11세기의 이슬람 법률학자 알-가잘리(Al Ghazali)는 "유대인들과,

기독교인들, 그리고 조로아스터교도들 등은 지즈야를 바쳐야만 했다…… 딤미들은 지즈야를 바치는 동안 (무슬림) 관리자가 턱수염을 잡고 있도록 그의 머리를 대고 있어야 했으며, 관리자에게 귀 밑의 불룩하게 도드라진 뼈(아래턱뼈)를 맞아야 했다……."226 라고 기록했다.

무슬림 통치자들이 지즈야를 내기 위해 그들 앞에 나온 딤미들을 어떻게 대우했는지는 마크 두리에(Mark Durie)가 이슬람 자료들을 근거로 요약한 아래와 같은 참고자료도 있다:

    딤미는 세금을 내러 갈 때 걸어 가야 했으며,
    탈 것을 어떤 것도 타고 가선 안 되었다.
    또 관리자 앞까지 손과 무릎으로 (기어) 나아가야 했다.
    그는 서서 세금을 냈고, 받는 사람은 앉아 있었다.
    무슬림 통치자는 일단 딤미를 난폭하게 흔들며 불안하게
    만들었고 그의 손에는 채찍을 들고 있었다.
    딤미는 심지어 이미 지즈야를 내러 왔음에도
    지즈야를 내라는 명령을 받았다.
    딤미는 호되게 맞았고,
    옷이 당겨 올라갈 때까지 멱살을 잡혔으며,
    목에 로프가 묶이기도 했다(labbaba).
    뒷덜미를 심하게 맞았고,
    귀 밑 턱뼈 또는 귀 밑 또한 맞았다.
    턱수염이 뽑혔다.

무슬림들은 딤미의 목에 발길질을 했으며,
바닥에 내팽개쳤다.227

  몇몇 무슬림 법률학자들은 이러한 굴욕을 주기 위해 가해진 행동들은 무슬림 관리자들이 개종하지 않은 이교도들에게 내리는 징벌로서 지즈야에 마땅히 동반된 것이라고 주장한다. 무슬림 변증론자들이 지즈야의 실체를 감추기 위해 헛되이 하고 있는 노력에도 불구하고, 이븐 까시르(Ibn Kathir)와 같은 정통 이슬람 학자들은 지즈야가 그것을 내는 이들에게 굴욕과 불명예의 흔적이라는 것에 의심할 여지가 없는 다음과 같은 자료를 남겼다:

  지즈야를 낸다는 것은 'Kufr(쿠프르:이슬람을 거절, 거부했다라는 뜻의 단어)'라는 표식이자, 심한 수치였다. 알라는, "이슬람을 받아들이지 않으면 '지즈야를 바칠 때까지' 그리고 '그들이 완전히 복종할 때까지' 복종시키고 굴복시켜라. 그들 스스로 패배감을 느낄 때까지 수치와 굴욕을 주어라."라고 명령했다. 그러므로 무슬림들은 절대 딤마(Dhimmah)를 맺은 사람들에게 은혜를 베풀거나, 그 지위를 승격시키지도 않았다. 이슬람 통치하에 사는 동안 그들은 계속해서 비참한 처지에 놓여 수치와 굴욕을 당했다.

  아부 후레이라(Abu Hurayrah)가 남긴 무슬림 자료에 의하면 무하마드는 "무슬림들은 유대인과 기독교인들에게 먼저 '살람(Salam:축복의 인사말)'이라고 해선 안 된다. 만약 그들을 길 한복판에서 만나면, 좁은 골목으로 쫓아내라."라고 말했다고 한다. 앞서 살펴 본 2대 칼리프 우마르(Umar bin Al-Kjattab)가 맺은 딤마 협정 또한 기독교인들과 유대인들에게 협정의 조건들을 철저히 지키도록 요구했고, 그로 인해 그들이 끊임없는 수치와 굴욕을 당하며 살도록 만들었다. 우마르는 이 협정을 맺고 실행한 업적으로 무슬림들에게 알라에게 큰 영광을 돌린 믿음의 지도자로 위대하다는 평가를 받게되었다.[228]

앞서 살펴본 것 외에도 딤미에게 부과된 굴욕적이고 혐오스러운 의무들은 다른 곳에서도 찾아볼 수 있다. 북아프리카에서는 "사형 집행인, 무덤 파는 사람, 공중 화장실 청소부와 같은 일들은 무조건 유대인들이 맡아야 했고, 이들은 토요일이나 휴일에도 이러한 의무에서 자유로울 수 없었다."[229] 이슬람을 믿지 않는 자들이 처한 제약 많고 굴욕적인 삶은 19세기의 마지막 10년 동안 가장 가혹하게 행해졌다. 심지어 어떤 지역에서는 20세기가 될 때까지도 이러한 행태가 계속되었다. 데이비드 G. 리트만(David G. Littman)과 밧 예올(Bat Ye' or)은 다음과 같이 기록했다:

> ……대부분의 북 아프리카 국가들 그리고 (유럽의 지배를 받기 전까지의) 알제리(1830), 튀니지(1881), 이집트(1882), 리비아(1911), 모로코(1912), 예멘과 다른 동양의 무슬림 나라들에서도 유대인들은 여전히 주민들과 격리된 집단으로 살아야 했다. 그들은 특정한 거주지역에서만 거주해야

했고, 강제로 구별된 의복을 입어야 했다. 무기를 소지하는 것은 당연히 금지되었으며, 무슬림 사법구역(관할구역)에서 그들의 증언(선서 공술)은 인정되지 않는 증거였다.230

기독교인들의 상황도 유대인들보다 나을 게 하나도 없었다. 그들도 유대인들과 비슷한 제한규제들과 차별을 나타내는 법률들 그리고 각종 규정들을 지켜야만 했다. 무슬림 국가들에서 기독교인들과 유대인들은 동일한 압제와 핍박의 대상이었고, 다양한 방식으로 학대와 냉대에 시달렸다. 딤미들은 일반적으로 불결한 존재라고 간주되었기에 공중 목욕탕에서 분리되었을 뿐 아니라 무슬림의 거룩한 성소와 성지들에서도 분리되었다. 예를 들어, 모로코에서는 "유대인들이 모스크 옆을 지나갈 때는 그의 신을 벗어야 할 의무가 있었다…… 페즈(Fez:모로코 북부의 도시, 옛 이슬람 왕조의 수도)에는 유대인들이 맨발로만 걸어 다닐 수 있는 도시들도 있었다 ……"231

특히 딤미들은 그들의 구별된 외관으로 인해 무슬림 범죄자들의 쉬운 목표물이 되었다. 무슬림에 대한 딤미의 증언은 샤리아에 의해 아무런 효력이 없었기 때문에 악한 무슬림들은 법적 처벌에 대한 어떠한 두려움 없이 쉽게 딤미의 집을 부수고, 집을 털었으며 여성들을 강간했다. 신앙심이 없는 것으로 간주되는 딤미는 그가 아무리 도덕적으로 신뢰할 수 있는 자라 할지라도 무슬림들에 대한 증언을 할 수가 없었다. 반면 무슬림은 그가 무슬림이라는 이유로 진실하고 완전하다고 여겨졌으며, 딤미를 향한 아주 작은 흠을 잡는 증언도 합당한 증거로 받아들여졌다. 딤미는 무슬림에게 손을 드는 것만으로도 사형을 선고받을 수 있었는데, 심지어 무슬림이 자신을 공격하거나 폭행하거나 강간하려 해서 방어하려고 손을 들었다 해도 예외가 없었다. 무슬림의 생명은 무슬림이 아닌 사람들과 비교할 수 없을 정도로 우월하다고 여겨졌기 때문에 무슬림이 아닌 사람이 무슬림을 죽인 경우엔 즉각 사형에 처해졌지만, 그 반대의 경우에는 그렇지 않았다. 무하마드는 '믿지 않는 자(이교도)' 때문에 무슬림을 죽이는 것을 금지했다.[232] 이슬람의 통치하에서 이교도들, 즉 이슬람 신앙이 없는 이들은 무슬림들의 잔학한 행위를 끊임없이 두려워하며 살았고, 자녀들에게는 어릴 때부터 무슬림들에게 복종하라고 가르칠 수밖에 없었다. 원칙적으로 그들이 냈던 세금(지즈야)은 유대인들과 기독교인들을 보호해주겠다는 명목이었지만, 결코 실제가 되지 못했다. 이븐 와라끄(Ibn Warraq)는 이에 대해 다음과 같이 썼다:

> 적어도 300년간, 기독교인들은 좀처럼 드러내 논의되지 않는 굴욕적인 상황 속에서 고통을 당하며 살았다. 이것은 '데브쉬르메(Devshirme)'라고 알려진 절차로 오스만 제국의 술탄(왕) 오르칸(Orkhan, 1326-1359)에 의해 도입되었으며, 정복지의 모든 기독교인 아이들 중 5분의 1이 매 3년 또는 4년마다 징집되어 강제로 받아야 하는 일종의 훈련이었다. 아이들은 14살에서 20살 사이의 건강한 소년 또는 젊은 청

년들이었으며, 이들은 이슬람으로 개종해 터키의 친위 보병(janissary) 또는 보병이 되는 훈련을 받았다. 이와 같이 아이들을 집에서 유괴하는 것과 같은 이 일은 결국엔 연례행사로 발전했다.

정해진 징집 날짜가 되면, 모든 아버지들은 아이들을 데리고 광장으로 나오라는 명령을 이행해야 했다. 모집기관은 튼튼하고 잘생긴 아이들을 무슬림 심사위원 앞으로 데려갔다. 아이를 바쳐야 하는 이 의무를 기피하는 부모는 가혹한 처벌을 받았다.

더불어 이 제도는 모든 종류의 남용이 가능한 악한 제도였다. 모집기관은 종종 지시된 숫자보다 더 많은 아이들을 징집했다. 그리고 이 '남는' 아이들을 부모에게 돈을 받고 되돌려 주었다. 돈을 내고 아이들을 데려갈 능력이 없는 부모들은 그들이 노예로 팔리는 것을 받아들여야만 했다. 이 기관은 1656년 폐지되었으나, 대신 6살에서 10살의 아이들을 데려가 술탄(Sultan:일부 이슬람 교국의 왕)의 궁전(Seraglio)에서 훈련시키는 유사한 제도가 18세기까지 계속 운영되었다. 데브쉬르메(Devshirme)는 딤미(dhimmi)들의 권리에 명백히 위배되는 것이었으나, 다시 한 번 말하지만 이슬람 통치 하에서 이들의 권리는 결코 안전하게 보장되지 않는 것이었

다. 233

지즈야를 바치고, 각종 규제들에 복종하기로 딤마(협정)를 맺은 사람들은 평등권도 존엄성도 어떠한 명예도 보장받지 못했을 뿐 아니라 이슬람 법에 의해 생명마저도 보장받지 못한 채 살았다. 비록 지금은 무슬림 국가들이 무슬림이 아닌 국민들에게 지즈야를 바치라고 강요하거나, 딤미튜드를 엄격하게 지키라고 하지 않지만, 여전히 기독교인들과 무슬림이 아닌 국민들은 이슬람 법의 공공연한 차별과 괴롭힘을 감내하며 살아가고 있다. 대부분의 이슬람 국가들은 여전히 이슬람 법률(샤리아 법 등)을 엄격하게 지키고 있으며, 무슬림이 아닌 시민들은 제2급 시민으로서 충분한 권리를 부여받지 못한 채 살아가고 있다. 예를 들어, 사우디아라비아는 기독교인들이 그 나라로 입국하는 것은 허락하지만, 신앙서적을 가져가거나 사람들 앞에서 그들의 신앙 행위를 하는 것 또는 전도하는 것은 금지하고 있다. 파키스탄에서는 "누구든지 말로든 행위로든 이슬람을 비판하거나 무하마드나 코란을 폄하하면 교수형에 처한다"라고 명시하고 있는 '신성모독 법률' 이 남용되고 있다. 매년 파키스탄의 기독교인들은 '신성모독' 이라는 거짓 혐의를 받고 사형에 처해질 뿐 아니라 성난 군중들에게 죽임을 당하고 있다. 심한 경우, 기독교 공동체가 불태워지고 약탈을 당하고, 교회들은 파괴된다. 거의 모든 이슬람 국가들은 이슬람에서 다른 어떠한 종교로든 종교를 '개종하는 것을 금지' 하고 있다. 그리고 이들 국가에 살고 있는 소수의 무슬림이 아닌 사람들 대부분은 핍박에 대한 두려움의 그늘 아래 살고 있다. 우리는 또한 중동에서 기독교 공동체들에게 어떠한 일이 계속해서 반복되고 있는지 매체를 통해 이미 잘 알고 있다. 그들은 공격과 약탈의 대상이 되고 있으며, 대량학살의 위협 속에서 살아가고 있다. 분명한 것은 "지난 반세기 동안, 많은 무슬림 국가들에서 기독교인들의 인권상황은 꾸준히 더 심하게 나빠져 왔다."는 사실이다.

맺음말

　이슬람은 창시된 이후 지금까지, 그 이전에는 본 적 없었던 잔혹하고 흉포한 행위로 그 발자취를 남겨왔다. 무하마드는 싸움이 금지된 시기에 원정대를 보내 쿠레이시 부족의 카라반을 공격했었고, 그들을 잔인하게 살해함으로써 아라비아 전체의 질타와 비난을 받았었다. 또한 무하마드 군대의 장수가 이슬람을 거부하고 무하마드를 인정하지 않았던 한 부족의 노쇠한 지도자 움메 키르파(Umm Qirfa)라는 여성을 잔인하게 처형했던 사건도 있었다. 그녀는 양 다리에 낙타를 한 마리씩 묶어 달려가게 하는 형벌을 받았고, 몸이 두 동강으로 찢어져 죽임을 당했다. 또한 무하마드는 메디나에서 자신을 도왔던 유대인 부족인 쿠레이자 부족의 남자 900명의 목을 자신의 눈 앞에서 잘라 처형하기도 했다. 아라비아 반도는 무하마드를 비난하며 끝까지 이슬람에 반대했지만, 결국 일련의 끔찍한 일들을 일으키며 힘을 키운 이슬람에게 굴복하게 되었다. 윌리엄 무어(William Muir)는 무하마드의 잔학한 행위에 대해 다음과 같이 요약했다:

　　관대함이나 온건함은 무하마드의 행동에서 결코 찾아 볼 수 없는 특성이다…… 그는 바다르 전투에서 자신들의 칼에 쓰러진 쿠레이시 부족 전사들의 시체 더미 위에서 만족스러워했으며, 기뻐 어쩔 줄 몰라했다…… 케이바르 부족의 왕자와 그의 사촌은 부족의 보물을 찾는 무하마드와 무슬림들에게 말로 표현할 수 없는 처참한 고문을 당하다 죽었고, 그의 아내는 포로로 잡혀 무하마드의 숙소로 끌려갔다. 메디나(al-Medina)에서는 두 유대인 부족이 추방을 당했고, 남아있던 세 번째 부족은 무하마드의 동료가 되어 그를 도왔으나, 몇 백 명에 달하는 부족의 남자들 모두 무하마드의 눈 앞에서 잔인하게 도살당했고, 여자와 아이들은 노예로 팔려갔다. 234

632년 무하마드가 죽자, 명목상으로만 이슬람의 권위를 받아들였던 많은 부족들이 이슬람으로부터 달아나려 했다. 그러나 그의 후계자 아부 바카르(Abu Bakr)가 이러한 변절자들을 향해 지하드를 선포(배교의 전쟁)했고, 그로 인해 이슬람에서 벗어나려던 수만 명의 사람들은 죽임을 당했다.

이슬람의 역사를 가만히 보면, 두 번째 칼리프는 반대세력에 의해 냉혹하게 죽임을 당했고, 세 번째 칼리프도 화난 무슬림 군중들의 반란으로 처참하게 살해되었다. 네 번째 칼리프였던 무하마드의 사촌이자 사위인 알리도 그의 반대파 무아위야(Muawiyya)에게 살해당했고, 새롭게 칼리프 자리에 오른 그의 아들 야지드 이븐 무아위야(Yazid ibn Muawiyya)는 그의 왕좌를 위협할 싹을 없애기 위해 무하마드의 손자와 증손자도 살해했다.

무하마드의 손자와 증손자가 살해된 후, 무슬림 공동체에는 후계자의 당위성으로 인한 혼돈이 뒤따랐으며, 결국엔 종파 전쟁(내전)으로 이어졌다. 이 전쟁으로 수많은 사람들이 무자비하게 살해되었다.

무슬림들에게도 분명 하나된 공동체를 만들고 싶은 욕망이 있었다. 그러나 서로 다른 종파를 향한 적개심과 증오가 하나의 공동체가 되고자 하는 욕구보다 더욱 강했다. 무슬림 통치자들에 의한 대학살은 무슬림 공동체 내부에서 가장 많이 일어났는데, 특히 자신들이 무하마드의 정통 후손이라고 주장하는 시아파(Shias) 공동체들이 수니파(Sunnis)에게 많은 공격을 당했다.

와트(Watt)는 "내부의 전쟁이 계속되는 것을 막기 위해 그들은 그들의 에너지를 외부로 돌려야 했다. 이때 지하드 또는 거룩한 전쟁(Holy war)이라는 개념은 호전적인 에너지가 무슬림이 아닌 사람들(non-Muslims)에게 향하도록 하는 좋은 구실이 되었다."라고 썼다. 와트의 말처럼 이슬람의 지하드가 외부의 비-무슬림 영토들로 방향을 잡자, 무슬림 무자히드들(mujahids)은 더욱 무자비하고 흉포하게 행동하기 시작했다. 그들은 사람들을 닥치는 대로 죽였고, 어떤 때는 지역주민 전체를 살육하기도 했다. 교회와 수도원들을 약탈했으며 성지, 교회, 사원들을 파괴했다. 여성들을 강간했고, 남녀노소를 불문하고 잡히는 대로 노예로 팔아넘겼다. 그리고 일단 한 국가에서 이슬람 정권을 수립하고 나면, 그들은 그곳에 살고 있는 이교도들에게 견딜 수 없는 악조건을 지키도록 강압했다.

특별히 유대인들과 기독교인들은 추가로 무거운 세금을 내야 했으며, 굴욕적이고 불명예스러운 조건에 복종하며 살아야 했다.

무슬림들의 흉포한 행위는 정복한 영토에서 그들이 아무것도 가져갈 것이 없었을 때 더 두드러졌다. 이교도들은 불에 타 죽임을 당했고, 도시는 황폐화되는 참사를 당했다. 이러한 피투성이의 정복 역사를 무슬림 역사학자들은 코란의 지하드 명령과 나란히 놓으며 정당화한다. 지하드 교리에 복종하는 것은 이슬람 신학에서 '거룩한 전쟁(Holy War)'을 치른 것이 되기 때문에, 무슬림들은 그들의 잔인하고 잔혹한 만행에 대해 아무런 죄책감을 느낄 필요도 사과할 필요도 없는 것이다.

무슬림들 중 상당수는 비-무슬림을 향한 이런 잔혹한 태도를 믿지 않거나 무시하며 살아가고 있다. 이들은 이슬람의 관용에 대한 신화를 사실로 믿고, 그것을 지지하며 살고 있다. 하지만 대부분 현시대에 쓰여진 비-무슬림들을 향한 이슬람의 관용을 담은 신화적 글들은 사실이 아니며, 진실을 감추고 역사를 왜곡하는 무슬림들의 계획적인 조작들이다. "이슬람 변증론자들은 여전히 '이슬람이 비-무슬림들도 동등하게 대우하는 관용의 종교'라는 그들이 만들어낸 신화를 끊임없이 주장하고 있다. 또한 그들은 이슬람 국가들에서 살고 있는 다양한 종교의 공동체들이 무슬림들과 완벽한 조화를 이루며 살고 있다고 주장한다. 그러나 이슬람 국가들의 무슬림들이 다른 종교들의 예배장소와 사원, 유대교의 회당, 기독교 교회들을 파괴하고, 사람들을 대량학살하고, 강제로 개종시키고, 차별하고, 박해하는 실제 일어나고 있는 사건들에 대해서는 축소시키거나 심지어 말도 안 되는 변명을 늘어 놓는다." 236

변증론자들의 주장과 달리, 진실은 딤미들의 상황이 계속해서 나빠졌다는 것이다. 대부분의 무슬림들은 이슬람의 황금기(Golden Age of Islam)에 대해 낭만적이고 근사하게 묘사하며 이상화시켜서 생각하지만, 실제는 많은 무슬림들이나 서양인들이 좋게 생각하는 것과는 전혀 달랐다. 그 시대는 '혼돈' 그 자체라고 말할 수 있는 암흑의 시대였다.

이슬람 애호가들과 존 L. 에스퍼지토(John L. Esposito) 같은 무슬림이 아닌 이슬람 변증론자들은 서구 세계가 이슬람과 무슬림들에 대해 더욱 호의적인 태도를 가지도록 하기 위해 진실이 아닌, 신화적인 이슬람을 제시한다. 에스퍼지토는 "일부 사람들의 주장과 달리 미국은 이슬람 법을 시행하는 것이나, 이슬람 운동가들을 정부에 포함시키는 것을 반대해서는 안 된다."237라고 주장한다. 그가 이슬람의 샤리아를 도입하기 위해 호소하는 것에 대해 이븐 와라끄는 다음과 같이 응수했다: "에스퍼지토는 미국이 샤리아나 이슬람 법률을 적용한다면, 필연적으로 과거 아프가니스탄의 탈레반 정부나 이란, 사우디아라비아, 수단과 같은 전제주의 독재 국가로 변하게 될 수도 있다는 것을 인정하지 않고 있다. 프리덤 하우스(Freedom House)는 이들 나라들에 대해 '세상에서 가장 인권에 취약한 나라들'이라고 순위를 매겼고, 더욱이 이 나라들을 각각 국제 테러활동을 조장하는 국가들로 지목하고 있다."238 이븐 와라끄는 사우디아라비아에서 수백만 달러를 하버드(Harvard)나 조지타운(Georgetown) 같은 서구 대학들에 쏟아붓고 있으며, 그 결과 에스퍼시토와 같은 많은 학자들이 그들의 연구를 정직하게 진행하는 것이 아니라, 연구 자금을 받고 의무적으로 이슬람에 대해 호의적으로 말하고 있다고 논증했다.

우리는 어떠한 위험한 상황이 오더라도 두려워하지 말고, 이슬람에 대해 올바로 연구해야 하며, 끈질기게 진실을 말해야 한다. 왜냐하면 그것이야말로 계속 확산되고 있는 이슬람에 흔들리지 않고 바로 서 있을 수 있는 방법이기 때문이다. 우리가 진실을 전할 때, 이슬람의 첫 번째 희생자들인 무슬림들이 그 사실을 바로 알게 될 것이고, 이 진리야말로 그들을 자유롭게 풀어줄 수 있는 희망이다.

이슬람은 '평화의 종교'가 절대 아니다. 무하마드가 살아 있는 동안, 그리고 무하마드 사후, 이슬람 제국 내내 단 한 번도 그랬던 적이 없었다. 무하마드가 무슬림들의 본보기이고, 코란이 그들의 영적 지침서가 되는 한, 이슬람은 늘 폭력을 조장할 것이고, 이슬람 지하디(Jihadis)들은 우리 사회와 생명의 가치, 인원, 자유, 나아가 우리의 존재 자체를 계속해서 위협할 것이다.

이슬람 근본주의자들은 어떤 것도 숨기지 않는다. 그들은 세계가 알라에게 속했으며, 모든 비-이슬람 정부들을 타도하고, 무슬림들이 세계를 다스려야 한다고 주장한다. 그리고 이 목표를 달성하기 위한 수단으로 폭력을 사용해야 한다는 것 또한 숨기지 않는다. 그들은 서구의 법률은 부도덕하며, 세계 인권의 모든 조항들은 이슬람 법과 모순되기 때문에 모두 샤리아 법(이슬람 법)으로 대체되어야 한다고 주장한다. 알-머두디(Al-Maududi)는 현대의 무슬림 근본주의자들 중 최초로 다음과 같은 주장을 내세웠다. "세상을 통제할 힘은 무슬림들에게 이미 약속된 것이다 …… 이슬람을 인정하지 않는 정권들을 파괴하고, 모든 체제를 이슬람의 원칙에 근거하는 정부로 대체해야 한다. 단지 한 지역만이 아니라 전 세계가 다 이슬람으로 개혁되어야 한다." [239]

또한 '현대 지하드의 아버지' 라 불리는 사이드 꾸툽(Sayyid Qutb)는 "오직 알라만이 세계를 지배해야 한다. 즉, 이슬람이 세계를 지배해야 한다. 이러한 전체론적 시스템은 알라가 우리에게 이미 부여해 주신 것이다. 지하드에게 중도란 없다. 각성 운동을 일으켜 중도와 싸워야 하며, 알라의 통치를 위해 적들을 총공격해야 한다." [240] 라고 선포했다. 이러한 선포에 따라 많은 지하디(Jihadi:이슬람교의 신앙을 전파하거나 방어하기 위하여 이교도와 이른바 성전 Jihad를 벌이는 투사, 전사) 단체들이 서구 중심주의를 안팎에서 파괴하려고 시도하고 있는 중이다. 서구 사회 밖에서 이루어지는 공격은 일반적으로 폭력적인 공격이지만, 내부에서 이루어지는 공격은 대부분 감지하기 어려운 미묘

한 공격들이고, 그렇기 때문에 훨씬 더 위험한 공격이다.

유럽과 미국에 살고 있는 대부분의 무슬림들은 더 나은 경제상황을 찾아 그들 조국을 떠나 이주한 사람들이다. 그들은 이주국가에서 더 나은 기회들을 누리고 있을 뿐 아니라, 그들의 조국에서보다 더 안전하게 표현의 자유와 종교의 자유 또한 누리며 살고 있다. 사실상 이러한 권리들은 그들의 본국에서는 박탈되었던 권리들이었다. 자유주의 무슬림 사상가인 무스타파 아콜(Mistafa Akyol)은 그의 저서 "Islam Without Extremes(극단없는 이슬람)"에서 다음과 같이 썼다. "사실 오늘날, 일부 무슬림들은 서구의 비-무슬림 국가에서 그들이 제공하는 (몇몇 이슬람 독재 국가들보다 훨씬) 더 나은 안전과 자유의 혜택을 누리면서, 자신들의 종교도 지키며 더욱 쉽게 살아가는 방법을 찾은 것 같아 보인다." 241

그렇다. 무슬림들은 이슬람이 아닌 국가들에서 그곳의 모든 좋은 것들을 온전히 누리며 살고 있다. 그러나 문제는 무슬림이 비-무슬림 국가로 이주해 그곳에 거처를 마련하고 터전을 잡고 나면, 서구 사회들과는 다른 규칙, 즉 이슬람 법에 따라 살 수 있길 요구한다는 것이다. 그들은 자신들을 억압하는 상황과 낙후된 환경을 피해 서구 국가들로 도망쳐 왔음에도 불구하고, 되려 서구 국가들로 과거의 것들을 가져오려 하고 있다. 그리고 이러한 무슬림들의 요구는 서구의 교육제도와 주 정책(State policies)이 이슬람 법을 수용하도록 변화시키는 단계로까지 진척되었다. 무슬림들은 비-무슬림 국가들에서도 무슬림 여성들에게 베일을 착용하는 것을 강제하고, 병원에서는 무슬림 여성들을 특수 취급해 줄 것을 요구한다. 또한 공립학교에서 돼지고기를 금지할 것과 이교도들이 무슬림들의 일부다처제, 가정폭력(아내를 때리는 일), 여성할례에 대해 어떠한 비난이나 비판을 하지 말 것을 요구하고 있다. 그들이 요구하는 것은 이중 잣대의 권리들이다. 무슬림들은 자신들은 누구든지 어떠한 종교든 마음껏 비판할 수 있으나, 비-무슬림들이 이슬람을 비판하는 것은 금지하는 '특별 제재'를 요구하고 있다. 자신들은 자유롭게 기독교나 다른 종교들을 모욕하는 반면, 만약 누군가가 이슬람과 무하마드에 대해 아주 약간의 비판이라도 하면 그들은 복수심에 불타 폭력적으로 반응한다. 무하마드의 명예와 코란의 신성함을 지키기 위해 타인들의 표현의 자유를 억압해 달라고 서구 정권들에게 요구하고 있는 무슬림들의 요구는 그야말로 터무니없는 것이다.

왜 이슬람이 지구상에 존재하는 다른 모든 종교들보다 더 특별한 대우를 받아야 하는가? 현재 서구 사회에서는 이슬람이나 무하마드의 치부에 대해 지적하거나 이슬람을 철저히 조사해 진실을 이야기하면, 생명의 위협을 받게 되거나 공개적으로 '편협한 사람, 이슬람 혐오자(이슬람 포비아)'라는 낙인이 찍히게 된다.

반-유대주의와 반-기독교 선전은 이슬람 제국 내내 항상 중요한 역할을 해왔고, 그들에 대한 이슬람의 분노와 폭력은 지금도 여전히 맹렬하다. 기독교에 대한 박해, 반-유대교 그리고 비-무슬림들에 대한 압제는 이슬람이 통치하고 있는 나라에선 '딤미튜드(dhimmitude)'라는 형태로 존재했었다. 그리고 이것은 현대에 와서도 여전히 많은 무슬림들의 생각과 마음속에 확고하게 자리 잡혀 있는 개념이다. 이제는 딤미튜드라고 부르지 않지만, 이슬람 국가들에서 비-무슬림들의 처우는 사실상 전혀 나아진 것이 없다. 무슬림이 아닌 소수의 타 공동체가 이슬람 국가들에서 당하는 괴롭힘은 이슬람의 역사와 그들의 신앙 안에 포함되어 있는 것이다. 이븐 와라끄는 "이슬람 문명 사회에서 여성들, 비-무슬림들, 이단자들 그리고 노예들에게 보인 끔찍한 행위들은 코란에 명시된 교리들에 순종함에 따른 직접적인 결과였으며, 이슬람의 법률학자들에 의해 발전했다."라고 썼다.[242]

그리고 이슬람의 반-유대교, 반-기독교 흐름은 이슬람 국가들에서뿐 아니라 미국과 유럽 국가들에서도 되풀이되고 있다. 근래 보고되고 있는 여러 자료들에 의하면, 반-유대교 흐름이 유럽, 특히 상당수의 무슬림들이 살고 있는 프랑스에서 급격히 증가하고 있으며 이전보다 더 격렬해지고, 더 위험해지고 있다. 2014년 프랑스에서 팔레스타인과 하마스를 지지하는 무슬림 군중들이 폭동을 일으켜 유대교 회당을 공격한 사건이 있었는데, 당시 그들은 "유대인들을 가스실로 보내라", "유대인들을 죽여라" 또는 "유대인들에게 죽음을"과 같은 구호를 외치며 공격했다. 그 결과, 생명의 위협을 느낀 수천 명의 유대인들이 프랑스를 떠나기로 결심했다. 실제로 2014년 이후, 무슬림들의 위협을 느낀 유럽의 많은 유대인들이 유럽을 떠나 이스라엘이나 다른 지역으로 이주하고 있다. 유럽에서 무슬림들의 수는 급속히 불어나고 있으며, 수백 명의 무슬림들이 유럽으로 밀어닥치면서 유럽에 살고 있는 유대인들의 생계와 생활이 위협을 당하는 상황이 되었다. 이것은 마치 과거 유대인들이 애굽(이집트)에서 탈출한 것처럼(출애굽) 지금은 유럽에서 탈출을 하고 있는 것 같은 모습이다.

무슬림들은 그들이 온건파건 극단적 광신도건 모두 어쩔 수 없이 유대인들을 미워할 수 밖에 없다. 왜냐하면 이슬람의 창시자 무하마드의 유대인들을 향한 뿌리 깊은 증오가 코란에 분명하게 표출되어 있기 때문이다. 그리고 그 코란은 "근본주의 무슬림들만이 아니라 모든 무슬림들이 따르며 신성시하는 '알라가 친히 창조한' 지침서이다. 어느 때건 어디서건 코란과 그것의 신념은 효력이 있으며, 모든 무슬림들은 코란이 절대적인 진리라고 믿고 있다." 243 코란이 그들의 교과서이고, 무하마드가 그들의 모범인 한, 이슬람 세계의 반-유대주의는 계속될 것이고 무슬림들이 확고한 거점을 가지는 곳이면 언제 어디서든 대량학살이 자행될 것이다.

이슬람이 들어가는 곳은 어디든 불안, 무자비, 폭력, 위험 그리고 파괴가 싹을 틔운다. 분명히 알아야 할 것은, 이슬람이 더 이상 우리와 먼 나라 이야기가 아니라는 사실이다. 이슬람 근본주의자들의 이슬람 지상주의 선전 전쟁은 지구상에 존재하는 거의 모든 나라들에 침투해 있다. 머지않아 모든 사람들이 우리 사회의 생존을 위해 그리고 인권과 자유를 지키기 위해 이슬람에 대항하는 전투에 참전하게 될지도 모른다. 이슬람의 궁극적인 목적이 전 세계를 정복하고, 이슬람과 샤리아 법(Sharia Law)에 복종하도록 만드는 것이기 때문이다. 유럽은 이미 심각한 도전과제들에 맞닥뜨렸고, 미국 또한 그보다 나을 것 없는 상황이다.

나는 영국의 정치인, 윈스턴 처칠(Winston Churchill)이 남긴 다음과 같은 예언적인 말로 책을 마치고 싶다:

> 마호메트교(Mohammedanism:이슬람)가 그들의 숭배자들에게 건 저주가 얼마나 끔찍한지! 그들의 광신적인 행동은 광견병에 걸린 개에 물린 사람처럼 위험하다. 그 영향력은 분명히 많은 나라들에 미칠 것이다. 앞날을 생각하지 않는 습관, 정비되지 않은 농경 시스템, 부진한 상업 그리고 안정되지 못한 자산이 존재하는 곳은 어디든지 마호메트의 추종자들이 다스리거나 거주하게 될 것이다. 이 타락한 육욕주의는 (거주지의) 품위와 정제된 삶을 앗아갈 것이고, 그 다음은 모든 생명의 존엄성과 귀중함을 빼앗을 것이다.
>
> 마호메트교의 교리는 모든 여성들을 어떤 남자의 소유물, 즉 완전한 '자산'으로 본다. 아이들이든 부인이든 첩이든 마찬가지다. 그리고 이슬람이 이러한 남성우월주의 신앙을 지속하는 한 노예제도의 종말은 늦춰지게 될 것이 분명하다.

모슬렘(무슬림)들 개개인은 아마도 훌륭한 자질을 가지고 있을지도 모른다. 그러나 종교의 영향은 그것을 따르는 사람들이 사는 사회의 발전을 마비시킬 것이다. 지구상에 이보다 더 시대에 강하게 역행하는 힘은 없다. 마호메트교는 소멸되기보다는 호전적으로 전도하는 종교이다. 이 종교는 이미 중앙아프리카 전역으로 퍼졌고, 매 걸음마다 두려움 없는 전사들을 일으키고 있다. 현대 유럽 문명사회는 무너지게 될 수도 있다. 마치 고대 로마제국이 멸망한 것처럼 말이다.244

이슬람이 문제가 되지 않는다고 생각한 유럽의 좌파들은 처칠의 경고에 대해 세심한 주의를 기울이는 데 실패했다. 그리고 오늘날 유럽은 수백만 무슬림들을 수용하느라 큰 비용을 지불하고 있다. 더 큰 문제는 이슬람이 유럽에 깊숙이 뿌리내릴 수도 있다는 것이다. 이슬람의 어두운 이면을 숨기고 신화적인 부분만을 강조하는 서구의 변중론자들은 단순히 사람들을 잘못 이끌어 가고 있는 것만이 아니라 그들을 끔찍한 운명에 처하게 할 것이다. 이들은 이슬람을 비-이슬람 사회에 적용하자는 그들의 주장이 가진 위험성을 전혀 고려하지 않고 있다. 그리고 무슬림 지하디스트들의 가치와 이슬람이 그들의 제국을 건설하는 목표를 이루기 위한 행동을 촉진시키고 있는 것이다.

밧 예올(Bat Ye'or)은 그녀의 책 '유라비아(Eurabia:유럽의 이슬람화)'에서 유럽이 '유라비아'가 되기 위한 경계에 와 있다고 주장한다. 그녀는 만약 유럽의 이슬람 변증론자들이 계속해서 지금처럼 이슬람 유화 정책을 펼친다면, 결국 머지 않아 유럽은 완전히 '유라비아'가 될 것이라고 썼다.

명심해야 한다. 이슬람은 단순한 종교가 아니다. 이슬람은 호전적이고 정치적인 군대이고, 공포의 이념이자 압제와 노예화의 온상이다. 그들은 종교라는 가면 아래 이 모든 것들을 숨기고 있다. 이슬람의 목표는 오직 한 가지, 바로 비-이슬람 국가들을 밟아 뭉개고 세계를 이슬람으로 정복하는 것이다. 지금, 우리 사회와 우리의 자유가 위태롭다. 어떤 한 나라가 이슬람이 그곳에 뿌리를 내리도록 허락한다면 어떤 일이 벌어질까? 그들은 기생충과 같이 "그 나라에 있는 모든 영양소와 생명을 빨아들이고 마음껏 성장하고, 결국엔 생명을 준 본체의 근본적인 체계를 바꿔버린다. 이슬람의 기생은 미국 헌법의 DNA를 변형시키고, 그 지배를 받는 법률을 바꾸게 될 것이다. 우리는 한 치도 양보해선 안 된다. 이제껏 이슬람이 발을 들였던 지역들이 어떻게 되었는지를 보라. 이슬람은 그 사회를 완전히 손에 넣었다. 그들은 그 사회의 구조를 완전히 바꿔버렸다." 245

이슬람은 결코 평화의 종교가 아니다! 지금까지도 그랬고 앞으로도 절대 그럴 것이다.

용어 사전

ABD.	Slave. Common in names, e.g., Abdullah-slave of Allah.
ABU.	Father of. Common in names e.g., Abu Talib.
AHL.	Family or People. Commonly used in phrases e.g., Ahl al-Bayt-People of the House.
AMIR.,	Emir. A ruler, a commander, a chief, a nobleman.
AMIR AL-MAUMININ.	Commander of the Faithful.
AMIRATE.	Emirate.
ANSAR.	Helpers. The citizens of Medina who helped and sheltered Muhammad and the Meccan emigrants.
ASHURA	Day of Atonement (The day when Israelites were delivered from Egypt). Sunni Muslims remember it as "Day of Atonement but the Shia Muslims maintain and commemorate the day of Ashura as "the day of great sorrow" (the massacre of Ali's family in Karbala).
AYA.	A verse. Ayat in plural form means verses.
BAYT.	House. Used in phrases, e.g., Baytallah-The House of Allah.
BANU.	Children of… e.g., Banu Adam-Children of Adam.
BINT.	Daughter of… e.g, Bintallah-The daughters of

	Allah.
DAR AL-HURB.	The abode of war, i.e, territory not under Muslim soveregnity, against which warfare for the propagation of Islam is licit. The converse of Dar al-Islam, the abode of Islam.
DAR AL-ISLAM.	The abode of Islam, regions where Islam dominates other religions.
DEBAL.	It is derived from Deval meaning temple or the abode of God.
DHANB.	Sin.
DHIMMI.	A member of one of the protected religions, i.e., the non-Muslim religions tolerated by Muslim state in accordance with the sharia, on payment of certain taxes and on acceptance of an inferior social status.
FATWA.	The formal opinion of a canon laywer (mufti).
HADITH	A tradition of the sayings or practice of the Prophet. One of the main source of Islamic law.
HAJJ	The pilgrimage to Mecca.
HANIF	Someone who maintains monotheism.
HIJRA	The Prophet's flight to Medina from Mecca, in A.D. 622 on September 20. The Muslim era begins at the beginning of the Arab year in which the Hijra took place.
IBN.	Son of. Corresponds to Hebrew ben.
IMAM.	Leader in prayer, leader of the whole community of Islam.

용어사전 243

JIHAD.	The duty of Muslims to fight all unbelievers.
JIZIYA.	The poll-tax paid by dhimmis.
KAABA.	The cubelike building in the center of the mosque at Mecca that contains the Black Stone, a meteorite considered holy and dating from pre-Islamic times.
KAFIR.	An infidel, i.e., a non-Muslim.
KHALAFAT ALLAH.	Deputy of Allah.
KHALIFA.	Caliph. The successor of the Prophet, and thus the head of all Muslims, combining in himself both temporal and religious powers.
KHARAJ.	Land tax paid by dhimmis.
KHARIJITES.	Literally meaning, "those who departed." People who broke out from Caliph Ali's party over disagreement in Ali's dealing with Muawiya.
KHULFA-E-RASHIDEEN.	Rightly Guided Caliph. An expression used for the first four caliphs. Muslim belief is that only first four caliphs of Islam were truly righteous.
MAGHRIB.	Arab-speaking countries of North Africa, west of Egypt.
MOZARAB.	Iberian Christian dhimmis who lived under Moorhis rule in Spain.
MUHAJIR.	Emigrant. Muslims who emigrated with Muhammad from Mecca to Medina.
MUHTASIB.	A Muslim official incharge with ensuing that the dhimmis followed these laws; a judge like figure with the responsibility of regulating the marketplace and all related activities.
MUNAFIQ.	Hypocrite. A term widely used in the Koran in ref

	erence to the Muslim hypocrites who refused to fight alongside Muhammad in jihad and others who did not truly and wholly follow Muhammad.
NA' THAL.	Hyena. An insulting nickname for 'Uthman used by Aisha.
OTTOMAN.	Turkish Empire.
QIBLA.	Direction. It is the direction that should be faced when a Muslim prays during salat. Muslims all over the world face Mecca in the prayer.
RAMADAN.	The ninth month of the Muslim calendar, during which Muslims fast between sunrise and sunset.
RASUL.	Somone sent; an apostle.
RASULALLAH.	Apostle of Allah.
RIDDA WARS.	Wars of Apostasy. After the death of Muhammad many Bedouin tribes denounced Islam but Abu Bakr, the first caliph fought engaged in wars against the apostates.
SADAQA.	Alms or Charity.
SAHIH.	Authentic, genuine.
SHARIA.	Islamic law consisting of the teachings of the Koran, the sunna of the Prophet which is incorporated in the recognized traditions; the consensus of the scholars of the orthodox community; the method of reasoning by analogy (Kiyas or Qiyas).
SHAYKH.	Old man, leader of a tribe; a title of respect.
SHIA.	The supporters of Ali's claim to the caliphate. Evolved into the principal minority religious group of Muslim. Includes Twelver Shia and Islmailis.

SHIRK.	The unforgivable sin of associating partners with Allah.
SHURA.	Consultation. In Sunni Islam the political and spiritual matters must be resolved by consultation of the key leaders.
SIRA.	The biography or life of Muhammad.
SUNNA.	Properly, a custom or practice, and later narrowed down to the practice of the Prophet or a tradition recording the same.
SUNNI.	A member of the majority group of Muslims, usually called the orthodox.
SURA.	A Chapter of the Koran. The Koran consists of 114 chapters or Sura. TAFSIR.
TAFAIR	Commentary (on the Koran).
ULAMA.A	A scholar, especially in religious subjects; the whole Muslim ecclesiastical class.
UMMA.	The Muslim Community.
UMRA.	Umra is mostly known as lesser pilgrimage to Mecca, which could be undertaken at any time of the year. It differs from Hajja in rituals.
ZAKAT	Alms or Charity. One of the five pillars of Islam which is binding on every Muslims. Shahda (Confession of Faith), Salat (Prayer), Sawm (Fasting), Zakat (Alms or Charity), and Pilgrimage. Zakat fund is supposed to help poor Muslims as well as the cause of jihad.

참고문헌

A. Guillaume. *The Life of Muhammad: A Translation of Ibn Ishaq's Sirat Rasul Allah*. Karachi: Oxford University Press, 1967.

Abul Ala Mawdudi. *Political Theory of Islam*. Lahore: Islamic Publications, 1961.

Al-Baladhuri, Ahmad b. Yahya. *Futuh al-Buldan*, ed. M.J. de Goeje. Leiden, 1866, repr. Leiden, 1968.

Al-Ghazali. *The Revival of Religious Science*. vol. 1. Cairo: Greater Arab Library, 1999.

Al-Tabari, *The History of al-Tabari Vol. II: Prophets and Patriarchs*. Trans. William M. Brinner. NY: SUNY series in Near Easter Studies, 1987.

--------*The History of al-Tabari, Vol. XVI:The Community Divided*. Trans. Adrian Brockett. New York: State University of New York Press, 1996.

--------*The History of al-Tabari: The Battle of Qadissiah and the Conquest of Syria and Palestine*, translated by Yohanan Friedman. NY: State University of New York Press, Albany, 1992.

-------*The History of Al-Tabari, Vol. VIII: The Victory of Islam*, translated by Michael Fishbein. NY: State University of New York Press, Albany, 1997.

-------*The History of al-Tabari: Vol. VI, Muhammad at Mecca*, translated and annotated by W. Montgomery Watt and M. V. McDonald. New York: State University of New York Press, Albany, 1988.

-------*The History of al-Tabari, Vol. XVII: The First Civil War*. Trans. G. R. Hawting. New York: The State University Press, Albany, 1996.

-------*Book of Jihad*-A Translation from Original Arabic, translated by Yasir S. Ibrahim. UK: The Edwin Mellen Press Ltd., 2007.

Al-Waqidi. *The Life of Muhammad: Al-Waqidi's Kitab al-Maghazi*. Edited by Rizwi Faizer, Translated by Rizwi Fraizer, Amal Ismail and ABdulkader Tayob. New York: Routledge Taylor & Francis Group, 2011.

Al-Waqidi. *Futuhushan: The Islamic Conquest of Syria: A Translation of Futuhusham: The Inspiring History of the Sahaba's conquest of Syria*, translated by Mawlana Sulayman al-Kindi. London: Ta-Ha publishers Ltd., 2009.

Ali b. Hamid al-Kufi. *Chachnamah: An Ancient History of Sind*, trans. M. K. Fredunbeg. Lahore, 1995.

Ali Bey [Domingo Badia y Leblich]. *Travels of Ali Bey in Morocco, Tripoli, Cyprus, Egypt, Arabia, Syria and Turkye, between years 1803 and 1807*, vol. 1. London: Longman, Hurst, Reese, Orne, and Brown, 1816.

Ali Dashti. *23 Years: A Study of Prophetic Career of Mohammad*. California: Mazda Publishers, 1994.

Andrew G. Bostom. *Iran's Final Solution for Islrael: The Legacy of Jihad and Shi'ite Islamic Jew-Hatred in Iran*. D.C: Bravura Books, 2014.

Andrew G. Boston. *The Legacy of Jihad: Islamic Holy War and the Fate of Non-Muslims*. New York: Prometheus Books, 2008.

Andrew Wheatcroft. *Infidels: A History of the Conflict Between Christendom and Islam*. New York: Random House Trade Paperbacks, 2005.

Barnaby Rogerson. *The Heirs of Muhammad: Islam's First Century and the Origions of the Sunni-Shia Split*. New York: The Overlook Press, 2006.

Bat Ye'or. *Islam and Dhimmitude: Where Civilizations Collide*. NJ: Fairleigh Dickinson University Press, 2002.

------*The Decline of Eastern Christianity Under Islam: From Jihad to Dhimmitude*. NJ: Fairleigh Dickinson University Press, 1996.

Bernard Lewis. *The Crisis of Islam: Holy War and Unholy Terror*. New

York: Random House, 2003.

Bernard Lewis. *The Jews and Islam*. Princeton: Princeton University Pressy, 1987.

Bill Warner. *The Hadith: The Sunna of Mohammaed*. CSPI, LLC Publication, 2010.

Christopher J. Walker. *Armenia: The Survival of A Nation*. London: Croom Helm, 1980

Chronicle de Michel le Syrien

Collin Chapman. *Cross and Crescent: Responding to the Challenge of Islam*. Illionois: IVP Books, 2007.

D. S. Margoliouth. *Mohmammed and the Rise of Islam*. New Delhi: 1985.

David B. Barrett & Todd M. Johnson. *World Christian Trends AD 30-AD2200*. William Carrey Library, 2001.

David Cook. *Understanding Jihad*. University of California Press, 2005.

E. W. Lane. *An Arabic-English Lexicon*. London: Islamic Text Society, 1865.

Edouard Dulaurier. *Recherches sur la Chronologie Armenienne: Technique et Historique*, vol. 1. Paris, 1859.

Emmet Scott. *The Impact of Islam*. Nashville: New English Review Press, 2014.

Fred M. Donner. *Muhammad and the Believers: At the Origins of Islam*. Belknap Press, 2012.

Hugh Kenedy. *The Prophet And the Age of The Caliphates*. Edinburg: Pearson Education Limited, 2004.

Hugh Kennedy. *The Great Arab Conquests:* How the Spread of Islam Changed the World. Da Capo Press, 2008.

Ibn Abd al-Hakam, Abu' l-Qasim 'Abd al-Rahman b. 'Abd Allah. *Futuh Misr*, ed. C. C. Torrey. New Haven, CT, 1921.

Ibn Kathir. *Tafsir Ibn Kathir*. Riyad, 2000.

Ibn Kathir. *The Life of Muhammad*. vol. 1, translated by Professor Trevor Le Gassick. Garnet Publishing, 2006.

Ibn Khaldun. *The Muqaddimah*. trans. F. Rosenthal, ed. N.J. Dawood. Princeton, NJ: Princeton University Press, 1967.

Ibn Sa' d. *The Women of Madina*. translated by Aisha Bewley. Ta-Ha Publishers Ltd., 1995.

Ibn Warraq. *Why I am Not A Muslims*. New York: Prometheus Books, 1995.

Ibn Warraq. *The Quest For The Historical Muhammad*. New York: Prometheus Books, 2000.

John of Nikiu. *The Chronicle of John* (c. 690 AD) Coptic Bishop of Nikiu, trans. R. H. Charles. London: 1916.

Koenard Elst. *Negationism in India*. New Delhi: Voice of India, 2002.

Lesley Hazleton. *After the Prophet: The Epic Story of the Shia-Sunni Split*. Anchor Books, 2010.

Lieutenant-General Sir John Bagot Glubb. *The Great Arab Conquests*. New York: Penguin Books, 1995.

Mark A. Gabriel. *Journey to the Mind of an Islamic Terrorist*. Florida: Front line, 2006.

Mark Durie. *The Third Choice: Islam, Dhimmitude and Freedom*. UK: Deror Publications, 2010.

Martin Gilbert. *In Ishmael' s House*. Yale University Press, 2011.

Mawdudi. *al-Jihad fi Sabil Allah*. Beirut: Dar al-Fikr, 1960.

Michael Mornony. *Iraq after the Muslim Conquest*. Princeton, NJ, 1984.

Michael Philip Penn. *When Christians First Met Muslims: A Source Book of the Earliest Syriac Writings on Islam*. California: University of California Press, 2015.

Moshe Gill. *A History of Palestine*, 634-1099. Cambridge: Cambridge University Press, 1992.

Muhammad ibn Umar al-Waqidi. *Kitab al-Maghazi.* London: Oxford University Press, 1966.

Mustafa Akyol. *Islam Without Extreme: A Muslim Case For Liberty.* W. W. Norton & Company, 2013.

Norman A. Stillman. *The Jews of Arab Lands: A History and Source Book.* America: The Jewish Publication Society, 1979.

Olivia Remie Constable. *Medieval Iberia: Readings From Christian, Muslim and Jewish Sources:* Second Ed. Pennsylvania: University of Pennsylvania, 2012.

Patricia Crone & Martin Hinds. *God's Caliph: Religious Authority In the First Centuries Of Islam.* Cambridge: Cambridge University Press, 2003.

Patricia Crone. *Meccan Trade and the Rise of Islam.* NJ: Gorgias Press LLC, 2004.

Philip K. Hitti. *The Arabs: A Short History.* Chicago: Henry Regnery, 1970.

Pierre Guichard. *Al-Andalus 711-1492.* Paris: Hachette, 2000.

R.P. Buckley. *The Book of Islamic Market Inspector.* Oxford: Oxford University Press, 1999.

Ram Swarup. *Understanding Islam Through Hadis: Religious Faith Or Fanaticism.* Voice of India, 2001.

Robert Spencer. *The Myth of Islamic Tolerance: How Islamic Law Treats Non-Muslims.* New York: Prometheus Books, 2005.

Rodney Stark. *God's Battalions:* The Case For the Crusades. NY: HarperOne, 2010.

Saint Thomas Aquinas. *Summa Contra Gentiles,* Book 1. trans. Anton C. Pegis. South Bend: University of Notre Dame Press, 1975.

Sawirus ibn-al-Muqaffa. *History of the Patriarchs of the Coptic Church of Alexandria, from Patrologia Orientalis I,* trans. Basil Evetts. Paris: Firmin-Didot, 1907.

Francisco Javier Simonet. *Historia de los Mozarabe de Espana*, trans. Jarbel Rodriguez. Madrid: Establecimiento tipografico de la viuda e hijos de M. Tello, 1897, 1903, Repr. 2005.

Seyyed Hossein Nasr. *The Heart of Islam: Enduring Values for Humanity*. NY: HarperOne, 2004.

Simon Sebag Montefiore. *Jerusalem: The Biography*. New York: Alfred A. Knopf, 2011.

Sir Steven Runciman. *A History of Crusades. 3 Vols*. Cambridge: Cambridge University Press, 1951.

Stanely Wolpert. *A New History of India*. Oxford University Press, 1982.

Sunan Abu Dawud: English Translation with explanatory notes, English translation by Ahmad Hassan, vol. 2, Lahore, 1984.

Susan Wise Bauer. *The History of Medieval World: From the Conversion of Constantine to the First Crusade*. New York: W. W. Norton & Company, 2010.

Tamim Ansary. *Destiny Disrupted: A History of the World Through Islamic Eyes*. New York: Public Affairs, 2009.

Thomas Sowell. *Race and Culture*. Basic Books, 1994.

Vahan M. Kurkjian. *A History of Armenia hosted by The University of Chicago*. New York: Armenian General Benevolent Union of America, 1958.

Viscount James Bryce. Arnold Toynbee, Ara Sarafian, ed., *The Treatment of Armenians in the Ottomon empire, 1915-1916: Documents Presented To Viscount Grey of Falloden (Uncensored ed.) Princeton*. NJ: Gomidas, 2000.

W. Montgomery Watt & Pierre Cacha. *A History of Islamic Spain*. New Jersey: Transaction Printing, 2008

William Eton. *A Survey of the Turkish Empire*. London: Cadell and Davies, 1799.

William Muir. *The Life of Muhammad From Original Sources.* Edinburgh: Adamant Media Corporation, 2005.

Winston Churchill. *The River War*, vol. II. London: Longmans, Green & Co. 1899.

Articles

Bat Ye' or and Andrew Bostom, *"Andalusian Myth, Eurabian Reality,"* Retrieved from (The above-quoted authors are well-known scholars and critics of Islam)
, published by , September 3 2002, accessed Nov.30, 2007
For English translation of the declaration see:
www.fas.org/irp/world/para/does/980233-fatwa.htm

Ibn Warraq.
http://www.newenglishreview.org/custpage.cfm?frm=3/66&sec_id=3766

Ibn Warraq, *The Dogmatic Islamophilia of Western Islamologists* , April 2010, . Accessed March 19, 2010.

Pew Research Center:

Hadiths

Ibn Majah. *English Translation of Sunan Ibn Maja with Commentary, By Nasiruddin al-Khattab.* Canada: Darussalam, 2007.

Imam Abu Hussain Muslim Ibn al-Hajj. *English Translation of Sahih Muslims.* Trans. Nasiruddin al-Khattab. Canada: Dar-us-Salam Publication Inc., 2007.

Imam Hafiz Abu Eisa Muhammad Ibn Eisa At-Tirmidi, *Jami at-Tirmidhi.* Translator, Abu Khallyl. Darussalam, 2007.

Muhammad ibn 'Abd Allah Khatib Al-Tabrizi. *Miskhat al-Masabih trans. Abdul Hameed Siddiqi, Kitab-ul-Qadr (Book of Destiny).* New Delhi:

Kitab Bhavan, 1990.

Muhammad Ibn Ismaiel Al-Bukhari. *Sahih al-Bukhari. The Translation of the Meaning of Sahih Al-Bukhari:* Arabic-Englsih.Trans. Muhammad M. Khan. Dar-us-Salam Publications, 1997.

Sunan Abu Dawud: Sunan Abu Dawud: English Translation with explanatory notes. English translation by Ahmad Hassan, Lahore, 1984

The Koran

Abdullah Yusuf Ali. *Holy Qur'an.* Birmingham: Wordsworth Editions Ltd; 5 Edition, 2001.

M.A.S. Abdel Haleem. *The Qur'an.* New York: Oxford World's Classics, Zhingoora Books, 2010.

Muhammad M. Pickthall. *The Glorious Qur'an.* New York: Tahrike Tarsile Qur'an, 2001.

NOTES

INTRODUCTION

1. Collin Chapman, *Cross and Crescent: Responding to the Challenge of Islam.* (Illionois: IVP Books, 2007), p.180.
2. For English translation of the declaration see www.fas.org/irp/world/para/does/980233-fatwa.htm
3. Saint Thomas Aquinas, *Summa Contra Gentiles,* Book 1, Chapter 6, trans. Anton C. Pegis (South Bend: Univeristy of Notre Dame Press, 1975), p. 73-34.
4. Earnest Renan, in Ibn Warraq's, *The Quest For The Historical Muhammad,* (New York: Prometheus Books, 2000), p. 19.
5. http://www.pewforum.org/2013/04/30/the-worlds-muslims-religion-politics-society-overview/

SECTION ONE

6. Al-Tabari, *The History of al-Tabari: Vol. VI, Muhammad at Mecca,* translated and annotated by W. Montgomery Watt and M. V. McDonald, (New York: State University of New York Press, 1988), p. 45-46.
7. See A. Guillaume. *The Life of Muhammad: A Translation of Ibn Ishaq's Sirat Rasul Allah.* (Karachi: Oxford University Press, 1967), p. 81.
8. Al-Tabari, *The History of al-Tabari: Vol. VI, Muhammad at Mecca,* p. 44.

9　Ibn Sa'd, *The Women of Madina*, translated by Aisha Bewley, (Ta-Ha Publishers Ltd., 1995), p. 109.

10　Ibn Kathir, T*he Life of Muhammad*, vol. 1, translated by Professor Trevor Le Gassick, (Garnet Publishing, 2006), p. 192.

11　Ibn Ishaq, *The Life of Muhammad*, p. 107

12　Sahih al-Bukhari 9:111

13　Sahih al-Bukhari 6:448; Sahih Muslim 304;

14　코란 26:214

15　Al-Tabari, *The History of al-Tabari: Vol. VI, Muhammad at Mecca*, p., 61.

16　Ibn Ishaq, *The Life of Muhammad*, p. 131

17　Ibn Ishaq, p. 131, 222

18　이 구절은 원래 코란에 있었으나 무하마드가 후에 이 구절을 읊은 일을 후회하고 '사탄의 구절'이라 부르며 이 구절을 없애 버림. 현재는 코란 53:19-20으로 대체되었음.

19　Abu Hurayra and Qatada in Ali Dasthi, *23 Years: A Study of the Prophetic Career of Muhammad*, p. 70.

20　코란 53:21-23

21　코란 22:52

22　코란 111:1-5

23　Ibn Sa'd, *The Women of Madina*, p. 25

24　Ibn Isaq, *The Life of Muhammad*, p. 184.

25　Ibn Ishaq, *The Life of Muhammad*, p. 184.

26　Al-Tabari, *The History of al-Tabari: Vol. VI, Muhammad at Mecca*, p. 98.

27　Ibid., p. 99.

SECTION TWO

28 Andrew G. Boston, *The Legacy of Jihad: Islamic Holy War and the Fate of Non-Muslims*, p. ii.
29 Norman A. Stillman, *The Jews of Arab Lands: A History and Source Book*, (America: The Jewish Publication Society, 1979), p. 10.
30 Ibn Ishaq, *The Life of Muhammad*, p. 233.
31 Ibid., p.305
32 Ibid., p. 305
33 Ibn Ishaq, *The Life of Muhammad*, p. 362-27.
34 Ibn Ishaq, p. 513.
35 Ibn Ishaq, p. 363.
36 Tamim Ansary, *Destiny Disrupted: A History of the World Through Islamic Eyes*, (New York: PublicAffairs, 2009), 25.
37 Sahih Muslim, 4363.
38 Sahih Muslim, 4366
39 Sahih al-Bukhari 7:658; 7:660; 7:661
40 Andrew G. Boston, *The Legacy of Islamic Antisemitism: From Sacred Text to Solemn History*, 264.
41 코란 16:98~100을 보라: 코란을 읽을 때는 저주할 사탄으로부터의 보호를 알라께 구하라. 믿으며 주께 의지하는 자에 대해서는 그라도 어떠한 권위도 휘두를 수 없다. 그를 보호자로 하거나 알라께 다른 신을 나란히 놓는 자 위에만 그의 권위가 미친다.
42 Ali Dashti, *23 Years: A Study of the prophetic career of Mohammad*, p. 81.
43 William Muir, *The Life of Muhammad From Original Sources*, (Edinburgh: Adamant Media Corporation, 2005), p. 250.
44 Ali Dashti, *23 Years: A Study of Prophetic Career of Muhammad*, p.

64.
45 Al-Waqidi, *The Life of Muhammad*, p. 180.
46 Ibid., p. 183.
47 Normal A. Stillman, *The Jews of Arab Lands: A history and Source Book*, p. 14.
48 Al-Waqidi, *The Life of Muhammad*, p. 189.
49 Ibid, p. 189
50 William Muir, *The Life of Muhammad: From Original Sources*, p. 286.
51 Al-Waqidi, *The Life of Muhammad*, p. 202.
52 Sunan Abu Dawud: English Translation with explanatory notes, English translation by Ahmad Hassan, vol. 2, (Lahore, 1984), p. 582
53 Al-Waqidi, *The Life of Muhammad*, p. 201
54 Ibn Ishaq, *The Life of Muhammad*, p. 493.
55 Al-Tabari, *The History of Al-Tabari: The Victory of Islam,* translated by Michael Fishbein [State University of New York Press, Albany, 1997], Volume VIII, pp. 2-3
56 코란 33:37
57 Sahih al-Bukhari 6:311
58 Ali Dashti's *23 Years: A Study of the Prophetic Career of Muhammad*, p. 134.
59 Sahi Bukhari, 8:3332
60 Ali Dashti, *23 Years: A Study of the Prophetic Career of Mohammad*, p. 128-129.
61 Ibid., 218
62 Al-Tabari, *The History of al-Tabari: Vol. VIII, The Victory of Islam*, p. 23.
63 Al-Waqidi, *The Life of Muhammad*, p. 234.

64 Al-Tabari, *The History of al-Tabari: Vol. VIII, The Victory of Islam*, p.17-18.
65 Al Waqidi, *The Life of Muhammad*, p. 234.
66 Ibid., p. 234.
67 Al-Tabari, *The History of al-Tabari: Vol. VIII, The Victory of Islam*, p. 26-27.
68 Al-Waqidi, *The Life of Muhammad*, p. 246
69 Ibid., 246.
70 Ibid., 249.
71 Seyyed Hossein Nasr, *The Heart of Islam: Enduring Values for Humanity*, 261.
72 Ibn Ishaq, *The Life of Muhammad*, p. 464.
73 Al-Waqidi, *The Life of Muhammad*, p. 254.
74 Ibid., p. 254.
75 Ibn Ishaq, *The Life of Muhammad*, p. 326
76 코란 33:25
77 Al-Tabari Vol. VIII, p. 68
78 Ibn Ishaq, *The Life of Muhammad*, p. 503.
79 Al-Waqidi, *The Life of Muhammad*, p. 298.
80 Al-Tabari, *The History of Al-Tabari: Vol. VIII, The Victory of Islam*, Translated by Michael Fishbein, (New York: State University of New York Press, 1997), p. 84.
81 Ibid., p. 86.
82 Ibn Ishaq, *The Life of Muhammad*, p. 504
83 Al-Waqidi, *The Life of Muhammad*, p. 302.
84 Al-Tabari, *The History of al-Tabari: Vol. VIII, The Victory of Islam*, p. 89.

85 Ibid., p. 90
86 Ibn Ishaq, *The Life of Muhammad*, p. 507.
87 Ibid., p. 508.
88 Ibn Ishaq, *The Life of Muhammad*, p. 509.
89 Bukhari 4:361.
90 Martin Gilbert, *In Ishamel's House*, p. 20.
91 D. S. Margoliouth, *Mohmammed and the Rise of Islam*, (New Delhi: 1985), pp. 355ff.
92 Ibn Ishaq, *The Life of Muhammad*, p. 369.
93 Ibid., p. 515.
94 Andrew Boston, *The Legacy of Jihad: Islamic Holy War and the Fate of Non-Muslims*, p. ii.
95 Ibn Ishaq, *The Life of Muhammad*, p. 369.
96 Ibid., p. 367-368.
97 Ibn Sa'd, Volume 2, pp. 249-252.
98 Sahih Al-Bukhari 5:713; cf. Al-Tabari, *Vol. VIII*, p. 124.
99 Ibn Ishaq, *The Life of Muhammad*, p. 515
100 Sahi Bukhari, 8:3329.
101 Al-Waqidi, *The Life of Muhammad*, p. 349.
102 William Muir, *The Life of Muhammad: From Original Sources*, (Edinburgh: Adamant Media Corporation, 2005), p. 380.
103 Al-Tabari, *The History of al-Tabari: Vol. VIII, The Victory of Islam*, p. 98.
104 Al-Tabari, *The History of al-Tabari, Vol. VIII, The Victory of Islam*, p. 161.
105 Ibn Ishaq, *The Life of Muhammad*, p. 543.
106 Al-Tabari, *The History of al-Tabari, Vol. VIII, The Victory of Islam*,

p.164.
107 Ibn Ishaq, *The Life of Muhammad*, p. 547.
108 Al-Tabari, *The History of al-Tabari, Vol. VIII, The Victory of Islam*, p. 173.
109 Ibn Ishaq, *The Life of Muhammad*, p. 596.
110 Al-Waqidi, *The Life of Muhammad*, p. 477.
111 Sahih Al-Bukhari 5:713
112 Ibn Ishaq, *The Life of Muhammad*, p. 680; cf. Sahih Bukhari 6897:36
113 Al-Muwatta, Hadith 45:17.
114 Ibn Ishaq, *The Life of Muhammad*, p. 689.

SECTION THREE
115 "수니(Sunni)"라는 이름은 "Ahl al-Sunnah" 또는 "전통을 따르는 사람들People of the Tradition"이라는 표현에서 유래했다.
116 "시아Shia" 또는 "Shiat Ali"는 "알리 파Party of Ali"를 의미한다.
117 Patricia Crone & Martin Hinds, *God's Caliph: Religious Authority In the First Centuries Of Islam*, (Cambridge: Cambridge University Press, 2003), p. 5.
118 Barnaby Rogerson, *The Heirs of Muhammad: Islam's First Century and the Origigins of the Sunni-Shia Split*, (New York: The Overlook Press, 2006), p. 130.
119 Al-Tabari, *History of Prophets and Kings*, vol. III, pp, 294-295
120 Al-Tabari, *The History of al-Tabari*, Vol. XVI, The Community Divided, p. 52.
121 Ibid., pp.52-53
122 Al-Tabari, *The History of al-Tabari*: Vol. XVI, The Community Divided, p. 163.

123 Al-Tabari, *The History of al-Tabari: Vol. XVII, The First Civil War*, p. 111.
124 Ibid., p. 131.
125 Ibid., p.215.
126 Ibid., p. 218.
127 Fred M. Donner, *Muhammad and the Believers: At the Origins of Islam*, p.178.
128 Lesley Hazleton, *After the Prophet: The Epic Story of the Shia-Sunni Split*, p.191

SECTION FOUR

129 Hugh Kenedy, *The Prophet And the Age of The Caliphates*, (Edinburg: Pearson Education Limited, 2004), p. 64.
130 Bat Ye'or, *Islam and Dhimmitude: Where Civilizations Collide*, (Fairleigh Dickinson University Press, 2001), p. 41.
131 Rodney Stark, *God's Battalions: The Case For the Crusades*, p. 15.
132 Bat Ye'or, *The Decline of Eastern Christianity*, pp. 37-39.
133 Al-Waqidi's *Futuhushan: The Islamic Conquest of Syria: A Translation of Futuhusham: The Inspiring History of the Sahaba's conquest of Syria*, translated by Mawlana Sulayman al-Kindi, (London: Ta-Ha publishers Ltd., 2009), p. 7-8
134 Ibid., p. 13.
135 Philip K. Hitti, *The Arabs: A Short History*. (Chicago: Henry Regnery, 1970), pp. 36-37.
136 Bat Ye'or, *The Decline of Eastern Christianity Under Islam: From Jihad to Dhimmitude*, p. 44.
137 Michael Philip Penn, *When Christians First Met Muslims: A Source-*

book of the Earliest Syriac Writings on Islam, (California: University of California Press, 2015), p. 24.

138 Ibid., p. 44.

139 Hugh Kenedy, *The Prophet And the Age of The Caliphates*, (Edinburg: Pearson Education Limited, 2004), p. 61.

140 Chronicle *de Michel le Syrien*, 2:418.

141 Bat Ye' or, *The Decline of Eastern Chrisitanity Under Islam: From Jihad to Dhimmitude*, p. 108.

142 Ibid., 421.

143 Andrew Wheatcroft, *Infidels: A History of the Conflict Between Christendom and Islam*, (New York: Random House Trade Paperbacks, 2005), p. 41.

144 Simon Sebag Montefiore, *Jerusalem: The Biography*, (New York: Altred A. Knopf, 2011) p. 181.

145 Moshe Gill, *A History of Palestine*, 634-1099, (Cambridge 1992), p. 473.

146 Ibid.

147 Ibid.

148 Ibid., p. 474.

149 Moshe Gill, *The History of Palestine*, pp. 474-75.

150 Ibid.

151 Moshe Gill, *History of Palestine*, pp. 457-76

152 Ibid.

153 Simon Sebag Monterfiore, *Jerusalem: The Biography*, p. 200.

154 Sir Steven Runciman, *A History of Crusades. 3 Vols.* (Cambridge: Cambridge University Press, 1951), 1:35.

155 Elias, the Syrian Metropolitan of Merv, Khuzistan Chronicle (d. 650s)

in Michael Philip Penn's *When Christians First Met Muslims: A Source Book of the Earliest Syriac Writings on Islam*, (California: University of California Press, 2015), p.51.

156 Michael Mornony, *Iraq after the Muslim Conquest,* (Princeton, NJ, 1984), p. 191-92.

157 Ibid., pp. 381-82.

158 Chronicle *de Michel le Syrien,* 431.

159 Hugh Kennedy, *The Great Arab Conquests: How the Spread of Islam Changed the World,* p. 115.

160 Edouard Dulaurier, *Recherches sur la Chronologie Armenienne: Technique et Historique,* vol. 1 (Paris, 1859), p. 229; English trans. in Bat Ye'or, *The Decline of Easter Christianity: From Jihad to Dhimmitude,* p. 47.

161 Kurkjian, Vahan M. *A History of Armenia hosted by The University of Chicago,* (New York: Armenian General Benevolent Union of America, 1958), pp. 173-185.

162 Ibn al-Athir (d. 1234), quoted by Bat Ye'or, *The Decline of Eastern Christianity: From Jihad to Dhimmitude,* p. 49.

163 Christopher J. Walker, Armenia: The Survival of A Nation, (London: Croom Helm, 1980), pp. 200-3; Viscount James Bryce, Arnold Toynbee, Ara Sarafian, ed., *The Treatment of Armenians in the Ottomon empire, 1915-1916: Documents Presented To Viscount Grey of Falloden (Uncensored ed.),* Princeton, (NJ: Gomidas, 2000) pp. 635-49.

164 Hugh Kennedy, *The Great Arab Conquests,* p. 300

165 Ali b. Hamid al-Kufi, *Chachnamah: An Ancient History of Sind,* trans. M. K. Fredunbeg (Lahore, 1995), pp. 153-4.

166 Al-Baladhuri, Ahmad b. *Yahya, Futuh al-Buldan,* ed. M.J. de Goeje

(Leiden, 1866, repr. Leiden, 1968) pp. 439-40.
167 Emmet Scott, *The Impact of Islam*, p. 44.
168 Stanely Wolpert, *A New History of India*, (Oxford University Press, 1982), p. 107.
169 Ibid.
170 Hugh Kennedy, *The Great Arab Conquests: How The Spread of Islam Changed The World We Live In*, (Philadelphia: Da Capo Press, 2007), p. 141.
171 Lieutenant-General Sir John Bagot, Glubb, *The Great Arab Conquests*, (New York: Penguin Books, 1995), p. 240.
172 John of Nikiu, Chronicle, p. 188; Ibn Abd al-Hakam, Abu' l-Qasim Abd al-Rahman b. *'Abd Allah, Futuh Misr*, ed. C. C. Torrey, (New Haven, CT, 1921).
173 Bat Ye' or, *The Decline of Easter Christianity: From Jihand to Dhimmitude*, p.47.
174 John of Nikiu, The Chronicle of John (c. 690 AD) Coptic Bishop of Nikiu, trans. R. H. Charles (London, 1916), pp. 179-80.
175 Rodney Stark, *God's Battalions: The Case For the Crusades*, p. 20.
176 Lieutenant-General Sir John Bagot, Glubb, *The Great Arab Conquests*, p. 284.
177 Rodney Stark, *God's Battalions: The Case For the Crusades*, p. 20.
178 Sawirus ibn-al-Muqaffa, *History of the Patriarchs of the Coptic Church of Alexandria, from Patrologia Orientalis I*, trans. Basil Evetts, (Paris: Firmin-Didot, 1907), pp. 492-97.
179 Bat Ye' or, *The Decline of Eastern Christianity: From Jihad to Dhimmitude*, p. 48.
180 Ibid., 48.

181 Susan Wise Bauer, *The History of Medieval World: From the Conversion of Constantine to the First Crusade*, (New York: W. W. Norton & Company, 2010) p. 325.
182 Ibid., 340.
183 Thomas Sowell, *Race and Culture*, (Basic Books, 1994) p. 188.
184 David Livingstone, in Bill Warner's *The Hadith: The Sunna of Mohammaed*, (CSPI, LLC Publication, 2010), p. 20.
185 Ram Swarup, *Understanding Islam Through Hadis: Religious Faith Or Fanaticism*, (Voice of India, 2001), p. 76.
186 W. Montgomery Watt & Pierre Cacha, *A History of Islamic Spain*, (New Jersey: Transaction Printing, 2008), p. 18.
187 Andrew Wheatcroft, *Infidels: A History of the Conflict Between Christendom and Islam*, p. 61.
188 *Anonymous Latin Chronicle of 754, cited in Olivia Remie Constable's, Medieval Iberia: Readings From Christian, Muslim and Jewish Sources: Second Ed.* (Pennsylvania: University of Pennsylvania, 2012), p. 35.
189 Pierre Guichard, *Al-Andalus 711-1492*, (Paris: Hachette, 2000), pp. 171-2.
190 Bat Ye' or and Andrew Bostom, "Andalusian Myth, Eurabian Reality," retrieved from (The above-quoted authors are well-known scholars and critics of Islam.
191 Ibid.
192 See Francisco Javier Simonet, *Historia de los Mozarabe de Espana*, trans. Jarbel Rodriguez, (Madrid: Establecimiento tipografico de la viuda e hijos de M. Tello, 1897, 1903, repr. 2005), pp. 806-7
193 Emmet Scott, *The Impact of Islam*, p. 53.
194 Bernard Lewis, *The Jews and Islam*, (Princeton, 1987), p. 54.

195 Andrew G. Bostom, *The Legacy of Jihad: Islamic Holy War and the Fate of Non-Muslims,* (New York: Prometheus Books, 2008), p. 41.

196 Bat Ye' or, *Islam and Dhimmitude: Where Civilizations Collide,* (NJ: Fairleigh Dickinson University Press, 2002), p. 48.

197 Patricia Crone, *Meccan Trade and the Rise of Islam,* (Princeton, NJ, 1987), pp. 244, 245.

SECTION FIVE

198 Al-Ghazali, *The Revival of Religious Science* (Beirut, Lebanon: Dar-al-Maharifa), vol. 1, p. 172.

199 Mark A. Gabriel, *Journey to the Mind of an Islamic Terrorist,* (Florida: Frontline, 2006), 101.

200 David Cook, *Understanding Jihad,* (University of California Press, 2005), pp. 165-6.

201 Mark Durie, *The Third Choice: Islam, Dhimmitude and Freedom,* (UK: Deror Publications, 2010), p. 65.

202 Muhammad ibn Umar al-Waqidi, *Kitab al-Maghazi* (London: Oxford University Press, 1966), Vol. 3, p. 1113.

203 Sahih al-Bukhari, 4:73.

204 Sahih al-Bukhari, 4:50.

205 Andrew G. Bostom, *Iran's Final Solution for Islrael: The Legacy of Jihad and Shi' ite Islamic Jew-Hatred in Iran,* (D.C., Bravura Books, 2014), p. 94.

206 Bernard Lewis, *The Crisis of Islam: Holy War and Unholy Terror,* (New York: Random House, 2003), p. 31.

207 Ibn Khaldun, *The Muqaddimah,* tras. F. Rosenthal, ed. N.J. Dawood, (Princeton, NJ: Princeton University Press, 1967), p. 183.

208 Ibn Taymiya, in Bat Ye'or's, *Islam and Dhimmitude: Where Civilizations Collide*, p. 44.
209 코란 9:29
210 Ibn Kathir, *Tafsir Ibn Kathir*, (Riyad, 2000), vol. 4, pp. 404-407.
211 Ali Dashti, *Twenty Three Years of Prophetic Carrier*, p. 84-85.
212 Al-Tabari's *Book of Jihad* - A Translation from Origianl Arabic" translated by Yasir S. Ibrahim, (Lewiston, 2007), p. 68.
213 Koenard Elst, *Negationism in India*, (New Delhi: Voice of India, 2002) p. 34.
214 David B. Barrett, Todd M. Johnson, *World Christian Trends AD 30-AD2200*, (William Carrey Library, 2001) p. 230.
215 Al-Tabari, *The History of al-Tabari: The Battle of Qadissiah and the Conquest of Syria and Palestine*, translated by Yohanan Friedman, (NY: Albany, 1992), p.167.
216 E. W. Lane, *An Arabic-English Lexicon* (London: 1865), bk. 1, p. 422.
217 William Eton, *A Survey of the Turkish Empire* (London: Cadell and Davies, 1799), p. 104.
218 Ibn Qayyim, in Rober Spencer's *The Myth of Islamic Tolerance: How Islamic Law Treats Non-Muslims*, (New York: Prometheus Books, 2005), p. 62.
219 Muhtasib is a Muslim official incharge with ensuing that the dhimmis followed these laws; a judge like figure with the responsibility of regulating the marketplace and all related activities. 이슬람법(法)에 의거하여 무슬림(이슬람교도)의 일상생활을 감독하는 관리.
220 R.P. Buckley, *The Book of Islamic Market Inspector* (Oxford: Oxford University Press, 1999), 121-23.
221 Abu Yusuf Ya;qub, *Kitab al-Kharadj*. Trans. Bat Ye'or, The Decline

of Eastern Christianity under Islam, p. 322.

222 Pseudo-Dionysius, in Bat Ye' or' s *The Decline of Eastern Christianity: From Jihad to Dhimmitude*, p. 74.

223 Ibid., p. 78.

224 Ibid., p. 112.

225 Al-Tabari, trans. in Andrew Bostoms, *The Legacy of Jihad*, p. 128.

226 Al-Ghazali, *Kitabal-wagiz fi fiqh adhab al-imam al-Shafi' i*. tans. Michale Schub inAndrew Bostom' s, *The legacy of Jihad*, p. 199.

227 Mark Durie, *The Third Choice: Islam, Dhimmitude and Freedom*, pp. 134-135.

228 *Tafsir Ibn Kathir, vol. 4:405-6*

229 Bat Ye' or, *Dhimmi Peoples: Oppressed Nations*, in Robert Spencer' s The Myth of Islamic Tolerance, (New York: Prometheus Books, 2005), p. 119.

230 David G. Littman and Bat Ye' or, *Protected People Under Islam*, in Robert Spencer' s The Myth of Islamic Tolerance, pp. 92-93.

231 Ali Bey [Domingo Badia y Leblich], *Travels of Ali Bey in Morocco, Tripoli, Cyprus, Egypt, Arabia, Syria and Turkye, between years 1803 and 1807*, vol. 1 (London: Longman, Hurst, Reese, Orne, and Brown, 1816), pp. 33-34.

232 See Sahih al-Bukhari 9:50.

233 Ibn Warraq, *Why I am Not A Muslims*, (New York: Prometheus Books, 1995), p. 231.

234 William Muir, *The Life of Muhammad*, p. 497-98.

235 W. Montgomery Watt, *Muhammad At Medina*, p. 325.

236 Ibn Warraq, *Why I am Not A Muslims*, (New York: Prometheus Books, 1995), p. 214.

237 , published by , September 3 2002, accessed Nov.30, 2007
238 Ibn Warraq, *The Dogmatic Islamophilia of Western Islamologists*, April 2010, . Accessed March 19, 2010.
239 Abul Ala Mawdudi, *Political Theory of Islam* (Lahore: Islamic Publications, 1961), pp.26, 30; Mawdudi, *al-Jihad fi Sabil Allah* (Beirut: Dar al-Fikr, 1960), p. 35
240 Ibid., p. 22.
241 Mustafa Akyol, *Islam without extremes*, p. 286.
242 Ibn Warraq, *Why I am Not A Muslims*, (New York: Prometheus Books, 1995), p. 2.
243 IbnWarraq, http://www.newenglishreview.org/custpage.cfm?frm=3766&sec_id=3766
244 Winston Churchill, *The River War*, vol. II, (London: Longmans, Green & Co. 1899), p. 248-250.
245 Kamran Karimi, *In Allah They Trust: Understanding the spirit behind Islam and how to stop it's advance on America, Our Freedom and Church*, (Tulsa: Harrison House, 2011), P. 252-53.